aprendizagem
digital

A654   Aprendizagem digital : curadoria, metodologias e
        ferramentas para o novo contexto educacional /
        Organizadores, Daiana Garibaldi da Rocha, Marcos Andrei
        Ota, Gustavo Hoffmann. – Porto Alegre : Penso, 2021.
        xiv, 145 p.; 23 cm.

        ISBN 978-65-81334-14-7

        1. Educação. 2. Aprendizagem. 3. Ensino via *web*.
        I. Rocha, Daiana Garibaldi da. II. Ota, Marcos Andrei.
        III. Hoffmann, Gustavo.

                                                    CDU 37

Catalogação na publicação: Karin Lorien Menoncin – CRB 10/2147

DAIANA GARIBALDI DA ROCHA
MARCOS ANDREI OTA
GUSTAVO HOFFMANN
(Orgs.)

aprendizagem
digital

curadoria, metodologias
e ferramentas para o novo
contexto educacional

Reimpressão

Porto Alegre
2021

© Grupo A Educação S.A., 2021.

Gerente editorial
Letícia Bispo de Lima

Colaboraram nesta edição

Coordenadora editorial
Cláudia Bittencourt

Capa
Paola Manica | Brand&Book

Preparação de originais
Vitória Duarte Martinez

Editoração
Ledur Serviços Editoriais Ltda.

Reservados todos os direitos de publicação ao GRUPO A EDUCAÇÃO S.A.
(Penso é um selo editorial do GRUPO A EDUCAÇÃO S.A.)
Rua Ernesto Alves, 150 – Bairro Floresta
90220-190 – Porto Alegre – RS
Fone: (51) 3027-7000

SAC 0800 703-3444 – www.grupoa.com.br

É proibida a duplicação ou reprodução deste volume, no todo ou em parte, sob quaisquer formas ou por quaisquer meios (eletrônico, mecânico, gravação, fotocópia, distribuição na Web e outros), sem permissão expressa da Editora.

IMPRESSO NO BRASIL
PRINTED IN BRAZIL

Autores

Daiana Garibaldi da Rocha (org.)
Pedagoga. Gerente acadêmica do Grupo A. Professora convidada de pós-graduação da Uniritter. Especialista em Gestão Educacional pela Pontifícia Universidade Católica do Rio Grande do Sul (PUCRS). Mestra em Educação pela Universidade Luterana do Brasil (Ulbra). Doutoranda em Ciência da Informação na Universidade Fernando Pessoa, Porto, Portugal.

Marcos Andrei Ota (org.)
Professor/gestor do Núcleo de Produção e Desenvolvimento de Recursos Didáticos para Educação da Cruzeiro do Sul Educacional, Universidade Cidade de São Paulo (Unicid). Mestre em Ciências da Educação pela Universidade Lusófona de Humanidades e Tecnologias, Lisboa, Portugal. Doutor em Ensino pela Universidade Cruzeiro do Sul. Pós-doutorado em Competências Digitais Docente, Universidade de Coimbra, Portugal.

Gustavo Hoffmann (org.)
Responsável pela vertical de consultorias do Grupo +A Educação. *Fellow* pela Harvard University, Cambridge, Estados Unidos. Especialista em Didática do Ensino Superior pela Faculdade Pitágoras. Especialista em Gestão do Ensino Superior pela Kroton Educacional. Especialista em Gestão Estratégica pela Fundação Dom Cabral.

Aline Tavares
Gestora da informação pela Universidade Federal do Paraná (UFPR). Analista de conteúdo pedagógico pela Pontifícia Universidade Católica do Paraná (PUCPR). Especialista em Gestão de Projetos pela Universidade Positivo. Especialista em História e Cultura Afro-brasileira e Indígena no Centro Universitário Internacional (Uninter).

Ana Paula Cavalcanti
Pedagoga e letróloga. Professora adjunta das licenciaturas em Letras e Pedagogia do Centro Universitário Newton Paiva. Especialização (em andamento) em Revisão Textual na Pontifícia Universidade Católica de Minas Gerais (PUC Minas). Mestra em Educação pela Faculdade de Educação da Universidade Federal de Minas Gerais (UFMG). Doutora em Linguística pela Faculdade de Letras da UFMG.

Anne Crishi Piccolo Santos
Advogada. Professora da Universidade Cruzeiro do Sul. Mestra em Administração pelo Centro Universitário Salesiano de São Paulo (Unisal).

Daniela Melaré Vieira Barros
Professora auxiliar da Universidade Aberta (UAb), Lisboa, Portugal. Especialista em Estratégias Pedagógicas com o Uso das Tecnologias para a Educação pela UAb. Mestra em Educação Escolar/Engenharia das Mídias em Educação pela Universidade Estadual Paulista (Unesp)/Erasmus Euromime (Portugal, Espanha e França). Doutora em Educação Escolar/Educación y Didática de las Organizaciones Escolares pela UNESP/Universidad Nacional de Educación a Distancia (UNED), Espanha.

Fernanda Araujo Coutinho Campos
Professora, designer educacional e consultora educacional. Especialista em Educação a Distância pelo Serviço Nacional de Aprendizagem Comercial (Senac-Minas). Mestra e Doutora em Educação pela UFMG.

Fernanda Furuno
Especialista em soluções educacionais inovadoras. Gerente do Sucesso do Cliente da DreamShaper. Especialista em Design em Multimídia e Gestão Empresarial pela Universidade Anhembi Morumbi. Mestra em Comunicação pela Universidade Anhembi Morumbi.

Karina Nones Tomelin
Psicóloga e pedagoga. Consultora da área educacional da SimplificaEdtech. Idealizadora do EducaBox. Sócia diretora na B42. Conselheira da *Associação Brasileira de Educação a Distância* (ABED). Mestra em Educação pela Universidade Regional de Blumenau (FURB).

Katia Ethiénne Esteves dos Santos
Coordenadora de educação a distância da PUCPR. Especialista em Tecnologia Educacional pela PUCPR. Mestra em Educação a Distância pela PUCPR. Doutora em Educação Híbrida pela PUCPR. Pós-doutorado em Educação Digital pela PUCPR.

Luciana Santos

Professora universitária. Coordenadora de Qualidade e Inovação na Rede Senac EAD. Especialista em Inteligência Artificial, Data Science e Big Data pela PUCRS. Mestra em Gerontologia pela Pontifícia Universidade Católica de São Paulo (PUC-SP).

Luis Borges Gouveia

Professor universitário. Professor catedrático da Universidade Fernando Pessoa. Mestre em Engenharia Eletrônica e de Computadores pela Faculdade de Engenharia da Universidade do Porto. Doutor em Ciências da Computação pela University of Lancaster, Reino Unido.

Max Ribeiro

Administrador. Especialista em Gestão de Projetos pela UFPR. Mestre em Gestão, Ciências e Tecnologia da Informação pela UFPR. Doutorando em Administração na Universidade Positivo.

Paula Peres

Docente e investigadora. Coordenadora da Unidade de *e-learning* e Inovação Pedagógica do Politécnico do Porto, Portugal. Docente da área dos sistemas de informação. Agregação em Educação a Distância pela Universidade do Minho, Portugal. Doutora em Sistemas de *e-learning* pela Universidade do Minho.

Regina Tavares de Menezes dos Santos

Professora e jornalista. Professora adjunta de Jornalismo do Grupo Cruzeiro do Sul Educacional. Especialista em Comunicação Audiovisual. Mestra em Ciências Sociais pela PUC-SP. Doutora em Comunicação e Semiótica pela PUC-SP. Pós-graduação em Teaching and Learning in Higher Education pela University of Tampere, Finlândia.

Rita Maria Lino Tarcia

Professora e pesquisadora. Professora adjunta do Departamento de Informática em Saúde e pesquisadora credenciada do Programa de Pós-graduação em Ensino de Ciências da Saúde do Centro de Desenvolvimento do Ensino Superior em Saúde (CEDESS) da Universidade Federal de São Paulo (Unifesp). Especialista em Didática do Ensino Superior e licenciada em Pedagogia pela Universidade São Judas Tadeu. Mestra e Doutora em Linguística: Semiótica e Linguística Geral pela Faculdade de Filosofia, Letras e Ciências Humanas (FFLCH) da Universidade de São Paulo (USP). Diretora administrativa financeira da ABED.

Sara Dias-Trindade

Docente universitária. Professora da Universidade de Coimbra, Portugal. Doutora em História, Didática, pela Universidade de Coimbra.

Stephan Duailibi Younes

Professor universitário. CEO da Slash Education. Especialista em Marketing pela Stanford/ESPM. Mestre em Reputação pela Universidade Presbiteriana Mackenzie.

Thais Cristine Andreetti

Cientista da computação e licenciada em Matemática. Analista de inteligência de produtos na ClearSale. Mestra em Educação em Ciências e em Matemática pela UFPR.

Apresentação

Nos últimos 50 anos, um profundo movimento vem ocorrendo na educação superior, gradualmente substituindo aulas expositivas por uma variedade de *estratégias de aprendizagem ativa* desenvolvidas por educadores ao redor do mundo.

Muitos estudos mostraram que estratégias de aprendizagem ativa resultaram em mais ganhos no aprendizado e, de maneira igualmente significativa, em uma taxa de reprovação mais baixa (FREEMAN *et al.*, 2014). Em vez de se basearem em relatos anedóticos sobre resultados de métodos de ensino, educadores, usando práticas baseadas em evidências, desenvolveram as estratégias de aprendizagem ativa.

Mais recentemente, o desenvolvimento de ferramentas digitais de ensino expandiu as fronteiras da universidade tradicional, possibilitando que um corpo discente mais diversificado e abrangente entrasse na universidade por meio da *educação a distância*.

A incubação e maturação dessas iniciativas educacionais levou a uma nova metodologia educacional, o *ensino híbrido*; uma metodologia que vem conseguindo lidar com o impacto global devastador da pandemia de covid-19 na educação universitária tradicional. Agora, mais do que nunca, os educadores precisam compartilhar e aplicar suas melhores práticas educacionais nas mais variadas disciplinas.

Uma definição operacional de aprendizagem ativa pode ser: "Um modelo de instrução que encoraja aprendizado e construção de conhecimento significativos por meio de atividades colaborativas que apoiam o pensar e o fazer [...]" (MINTZES; WALTER, 2020, p. xiii).

O lema do Massachusetts Institute of Technology (MIT), *mens et manus* — mente e mão —, traduz essa prática. A aprendizagem ativa transforma a experiência de sala de aula, fazendo com que ela busque reproduzir mais fielmente o esforço científico. Os cientistas reconhecem problemas, encontram meios funcionais para enfrentá-los, colhem e organizam informações pertinentes, reconhecem suposições e valores implícitos e incorporam e utilizam uma poderosa linguagem matemática com precisão, clareza e discernimento. Eles devem interpretar informações, ponderar evidências, avaliar argumentos, chegar a conclusões e generalizações apropriadas e, então, testá-las. Todas essas práticas devem fazer parte da sala de aula ou da experiência de ensino a distância, assim como devem participar da metodologia pela qual educadores avaliam suas próprias práticas de ensino.

Este livro apresenta ao leitor uma vasta gama de estratégias de aprendizagem ativa e digital. O primeiro capítulo destaca questões contemporâneas na educação brasileira e os desafios de aplicação de práticas pedagógicas inovadoras. O segundo capítulo traz uma perspectiva internacional, como os desafios enfrentados em Portugal na implementação de práticas pedagógicas inovadoras e as práticas brasileiras em que educadores compartilham sua inestimável experiência na implementação e sustentabilidade de estratégias de educação a distância. Os capítulos seguintes identificam uma grande quantidade de conteúdos disponíveis *on-line* — o estudo de caso do trabalho feito na PUCPR, por exemplo — e, mais importante, como educadores podem selecionar e utilizar esses conteúdos nas aulas a distância, que estão se tornando cada vez mais frequentes.

Um dos maiores desafios para a implementação da aprendizagem ativa é o treinamento de professores nessas novas técnicas. Nos capítulos subsequentes, os autores trazem um novo conjunto de práticas de ensino para a aprendizagem ativa tanto para a sala de aula física quanto para o ensino virtual.

Altas taxas de reprovação em cursos tradicionais de ciências estão associadas à observação de que, uma vez que os estudantes ficam confusos, é extremamente difícil que se recuperem. Assim, um dos avanços mais animadores na aprendizagem digital é a introdução da gamificação, a prática de usar elementos de jogos e *designs* de *videogames* no ensino. *Designers* de jogos estão profundamente cientes da necessidade de equilibrar o nível dos desafios com o nível de habilidade dos jogadores a fim de mantê-los motivados a permanecerem "vivos" no jogo. O capítulo sobre como aplicar esses princípios aos planos de curso é leitura indispensável.

A mistura da aprendizagem ativa com ferramentas digitais criou um novo ambiente virtual de aprendizagem com explicações e recursos ancorados na internet que podem ser inseridos em um curso, juntamente como uma variedade de ferramentas de avaliação. O capítulo sobre aprendizagem virtual apresenta muitas dessas ferramentas e técnicas ao leitor.

A aprendizagem ativa exige que a arquitetura do espaço de aprendizagem seja repensada. O *design* arquitetônico deve se basear em como as pessoas interagem e aprendem. O capítulo posterior ilustra como o espaço de aprendizagem se transforma em um laboratório para experimentação com estratégias de aprendizagem ativa.

O avanço mais importante no ensino é guiar as práticas educacionais com base nas descobertas dos resultados de estudos, em vez de se apoiar na intuição, em crenças infundadas ou preferências pessoais. Um adágio útil é o de que evidências anedóticas não são informações de base a serem usadas em pesquisa. Dessa forma, o capítulo seguinte descreve como repensar o uso das avaliações de cursos para empregar práticas baseadas em evidências.

Por fim, o último capítulo aborda como manter a inovação educacional em um ambiente de aprendizagem que exige a administração de um complexo quadro de interações entre o corpo docente, os estudantes, os desenvolvedores de conteúdo e os administradores. O sucesso ou fracasso desses esforços depende também do reconhecimento e da compreensão dos indicadores-chave de desempenho (KPI, do inglês *key performance indicators*) necessários.

Aprendizagem digital: curadoria, metodologias e ferramentas para o novo contexto educacional nos traz uma vasta gama de estratégias de aprendizagem ativa, de conteúdo digital e de habilidades de ensino que educadores podem empregar para garantir que os estudantes desenvolvam as habilidades científicas, matemáticas e de engenharia necessárias para que a próxima geração tome as decisões informadas que serão fundamentais em um mundo complexo e em constante mudança.

Peter Dourmashkin
Cambridge, Estados Unidos

REFERÊNCIAS

FREEMAN, S. *et al.* Active learning increases student performance in science, engineering, and mathematics. *Proceedings of the National Academy of Sciences of the United States of America*, v. 111, n. 23, p. 8410–8415, 2014.

MINTZES, J. J.; WALTER, E. (ed.). *Active learning in college science:* the case for evidence-based practice. Cham: Springer, 2020. p. xiii.

Sumário

Apresentação ix
  Peter Dourmashkin

Capítulo 1 1
  Os impactos da transformação digital no contexto educacional brasileiro
  Gustavo Hoffmann

Capítulo 2 13
  Práticas pedagógicas inovadoras: novos desafios
  Daiana Garibaldi da Rocha, Luis Borges Gouveia, Paula Peres

Capítulo 3 29
  Caminhos para um ensino disruptivo:
  o caso do Educações em Rede
  Fernanda Araujo Coutinho Campos, Ana Paula Cavalcanti

Capítulo 4 45
  Ensinar no síncrono e no assíncrono
  Daniela Melaré Vieira Barros

Capítulo 5 61
  Curadoria: elemento importante na construção
  de projetos educacionais inovadores
  *Aline Tavares, Katia Ethiénne Esteves dos Santos, Max Ribeiro,
  Stephan Duailibi Younes, Thais Cristine Andreetti*

Capítulo 6 81
  Competências digitais docentes para curadoria
  de conteúdo
  Marcos Andrei Ota, Sara Dias-Trindade

Capítulo 7 95
Personalização, gamificação e as trilhas de aprendizagem
Marcos Andrei Ota, Daiana Garibaldi da Rocha

Capítulo 8 113
Ferramentas para impulsionar a aprendizagem virtual
Fernanda Furuno, Karina Nones Tomelin, Luciana Santos

Capítulo 9 123
O *design* da aprendizagem ativa e os espaços de aprendizagem
Marcos Andrei Ota, Regina Tavares de Menezes dos Santos

Capítulo 10 135
Equipes multidisciplinares e gestão de indicadores
Rita Maria Lino Tarcia, Anne Crishi Piccolo Santos

1

Os impactos da transformação digital no contexto educacional brasileiro

Gustavo Hoffmann

NOSSO MODELO EDUCACIONAL TRADICIONAL ESTÁ FALIDO

Antes da pandemia da covid-19, o ensino superior brasileiro já vinha passando por importantes e necessários ajustes. Com a chegada da pandemia, este movimento foi brutalmente acelerado. Mas ainda prevalece hoje um modelo de ensino *just in case*, no qual os alunos são submetidos à oferta de conteúdos para que possam utilizá-los algum dia, se necessário. O problema desse modelo é que o aluno não é um repositório de conteúdo que pode ser acionado sempre que demandado.

Nesse modelo de ensino tradicional, no qual o professor faz o papel de "sábio no palco" e os alunos são agentes passivos do processo, um mesmo ritmo é imposto para todos, desrespeitando as individualidades inerentes ao processo de aprendizagem. O modelo tradicional fixa o tempo que cada aluno tem para aprender e, de forma geral, não flexibiliza a aprendizagem. No ensino superior brasileiro e em boa parte do mundo, os cursos são divididos em semestres ou anos, que são divididos em disciplinas, cada uma com determinada carga horária. Se uma disciplina tem 80 horas, o aluno terá esse tempo para aprender o conteúdo. Alguns aprenderão uma boa parte, alguns quase nada e alguns ficarão próximos ao ponto de corte para aprovação estabelecido no projeto pedagógico de cada instituição. Geralmente, esse ponto de corte varia entre 60 e 70% de desempenho nas atividades avaliativas. Ou seja, um aluno que tenha obtido 60% de desempenho em determinada disciplina é aprovado. Isso significa que um aluno que tenha deixado de aprender 40% do que está previsto em um conteúdo programático é aprovado. O tempo para a aprendizagem é rígido, mas o tanto que cada aluno aprende é flexível. A lógica parece estar invertida. A aprendizagem deveria ser garantida, e o tempo para que o aluno aprenda determinado conceito deveria ser flexibilizado, respeitando as individualidades inerentes ao processo.

No modelo expositivo, que hoje prevalece, seja ele presencial ou *on-line*, aluno e professor estão juntos, em um mesmo ambiente de aprendizagem (físico ou virtual), durante a fase instrucional do processo, que exige uma capacidade cognitiva relativamente baixa. Nessa fase, os alunos participam passivamente do processo, ouvindo, tomando notas e, eventualmente, fazendo perguntas. Durante a lição de casa ou a realização de trabalhos ou projetos extraclasse, que têm um grau de complexidade maior, o professor não está presente para apoiar o aluno. O modelo tradicional estabelece uma relação inversa entre o grau de dificuldade cognitiva do trabalho do aluno e seu acesso ao suporte do professor. Em outras palavras, no modelo tradicional, os alunos estão fazendo o trabalho mais simples quando têm um apoio direto do professor e o trabalho mais difícil quando esse apoio não está disponível.

O MODELO EDUCACIONAL *JUST IN TIME* E O USO DAS METODOLOGIAS ATIVAS DE APRENDIZAGEM

Um modelo *just in time* parece fazer mais sentido, partindo não da oferta de conteúdo, mas de situações-problema, nas quais o conteúdo é utilizado como ferramenta para a solução desses problemas. Nesse ponto entram as metodologias ativas de aprendizagem, que quebram o modelo tradicional e propõem que o próprio aluno seja responsável pela busca e pela construção do conhecimento, por meio de atividades que o coloquem como centro desse processo, garantindo maior envolvimento e aprendizagem mais profunda e significativa. Além disso, o ensino *just in time* pressupõe que o aluno tenha o apoio direto do professor nos momentos de maior complexidade cognitiva.

Freeman *et al.* (2014) analisaram 225 estudos comparando o modelo tradicional de sala de aula, predominantemente expositivo, com o modelo que utiliza metodologias ativas de aprendizagem. Esses estudos tiveram como objeto cursos das áreas de ciência, tecnologia, engenharias e matemática. As variáveis comparadas foram taxa de reprovação e *performance* dos alunos tanto em provas quanto em testes padronizados. Os resultados de tal metanálise indicaram que as metodologias ativas funcionam melhor do que as aulas expositivas nas variáveis aprendizagem e taxa de reprovação. A *performance* dos alunos submetidos às metodologias ativas foi, em média, cerca de 6% superior à dos alunos submetidos a aulas expositivas. Além disso, estes últimos parecem reprovar 1,5 vezes mais do que os alunos submetidos a metodologias ativas de aprendizagem (FREEMAN *et al.*, 2014).

Um dos problemas mais relatados pelos professores em relação à aplicação das metodologias ativas de aprendizagem é a disponibilidade de tempo que têm em sala de aula ou nos momentos *on-line* síncronos para abarcar todo o conteúdo. Se dedicarem parte do tempo à aplicação das metodologias ativas de aprendizagem, menos tempo terão para expor o conteúdo em sala de aula ou no ensino remoto. Por mais que haja uma série de questionamentos em relação a essa postura adotada por boa parte dos professores, o argumento do tempo é inquestionável. Se uma disciplina tem determinada carga horária e o professor dedica mais tempo às metodologias ativas, é natural que tenha menos tempo para a aplicação de metodologias tradicionais, como a exposição de conteúdo. Com menos tempo de acesso ao conteúdo, é possível que os alunos não tenham embasamento teórico suficiente para aproveitarem ao máximo as metodologias mais construcionistas.

Uma das premissas para o êxito de qualquer metodologia ativa de aprendizagem é que o aluno tenha algum tempo para acessar o conteúdo previamente. Não há como resolver um problema, discutir um conceito, elaborar um projeto ou solucionar um caso se não houver um bom embasamento teórico para tal. Ou seja, acesso prévio a conceitos teóricos básicos é fundamental para o bom funcionamento de qualquer metodologia ativa de aprendizagem. Isso pode ocorrer por meio de aulas expositivas tradicionais, que são culturalmente muito bem aceitas pelos alunos, ou então pelo acesso ao conteúdo disponibilizado em um ambiente virtual de aprendizagem (AVA) nos horários extraclasse, de forma assíncrona.

O problema de utilizar exclusivamente as aulas expositivas para o acesso ao conteúdo é exatamente o escasso tempo disponível para tal. Aí entra a tecnologia digital como uma boa alternativa para fechar a equação tempo *versus* metodologia *versus* conteúdo. A disponibilização de objetos de aprendizagem digitais permite que boa parte da fase instrucional do processo se dê de forma autônoma, sem necessariamente ter o suporte do professor em sala de aula ou no AVA. Assim, é possível cobrir todo o conteúdo teórico e dedicar mais tempo em sala de aula para a aplicação da teoria. Um dos problemas da adoção deste último modelo no Brasil (mais digital, menos expositivo) é que o aluno, com poucas exceções, não dispõe de muito tempo nos horários extraclasse para acessar o conteúdo previamente. Uma possível solução é utilizar a tecnologia digital para substituir parte da exposição de conteúdos, configurando, assim, um modelo híbrido de ensino.

A TRANSFORMAÇÃO DIGITAL COMO SUPORTE AO ENSINO HÍBRIDO

A utilização de tecnologias digitais qualifica a adoção de novos modelos, como o ensino híbrido, no qual parte do processo de ensino e aprendizagem ocorre de forma presencial e outra parte se dá a distância, no AVA. Horn e Staker (2015) definem o ensino híbrido como um programa de educação formal no qual um estudante aprende em parte por meio do ensino *on-line*, com algum elemento de controle sobre tempo, local, caminho e/ou ritmo de aprendizagem, e em parte em uma localidade física supervisionada, fora de sua residência, mas com ambas as partes conectadas, oferecendo uma experiência de educação integrada. Diversos estudos mostram que o ensino híbrido promove ganhos de aprendizagem maiores do que o ensino 100% *on-line* e maiores do que o ensino tradicional, 100% presencial. Esse modelo permite que o aluno acesse o conteúdo, disponibilizado em vários formatos, em qualquer hora, em qualquer lugar, quantas vezes quiser ou precisar, em seu próprio ritmo. Essa flexibilidade proporciona àquele que tem mais dificuldade na assimilação de um determinado conceito dedicar mais horas de estudo, enquanto um aluno com mais facilidade pode se dedicar menos tempo.

Existem diversos formatos de oferta do ensino híbrido, e a sala de aula invertida é um deles. Nela, tudo o que se refere à oferta de conteúdo ocorre *on-line*, respeitando o ritmo individual de aprendizagem de cada aluno. Os momentos presenciais são utilizados para a aplicação desse conteúdo, por meio de metodologias ativas de aprendizagem. Ou seja, a aula ocorre em casa e a lição de casa (solução de problemas) é feita em sala de aula, por isso a expressão *sala de aula invertida* ou *aprendizagem invertida*. Nesse sentido, a sala de aula se torna o ambiente em que o aluno aprende ativamente, com o apoio do professor e a colaboração dos colegas. Menos exposição, mais aplicação, mais aprendizagem. Em outras palavras: *less teaching, more learning*.

MODELO INSTRUCIONAL OU CONSTRUCIONISTA? PADRONIZADO OU CENTRADO NO ALUNO?

Na construção de um modelo educacional aderente às competências que queremos que nossos alunos desenvolvam, é muito importante que tenhamos bem claro quais são os componentes instrucionais, construcionistas, padronizados e customizados do processo, de acordo com a Figura 1.1.

A associação entre esses componentes configura modelos de ensino e aprendizagem que já conhecemos muito bem. Por exemplo, as aulas expositivas e as webconferências são uma combinação de um modelo de ensino padronizado (*one size fits all*), em que um mesmo conteúdo é exposto em um mesmo ritmo para todos os alunos, e basicamente instrucional. Isso também ocorre com o conteúdo digital normalmente disponibilizado em uma plataforma de educação a distância. Já as plataformas adaptativas de aprendizagem são um bom exemplo de um modelo instrucional centrado no aluno, pois levam em consideração as individualidades de cada estudante, a forma e o ritmo de cada um. As metodologias ativas de aprendizagem, os laboratórios e os *maker spaces* são bons exemplos de um modelo centrado no aluno

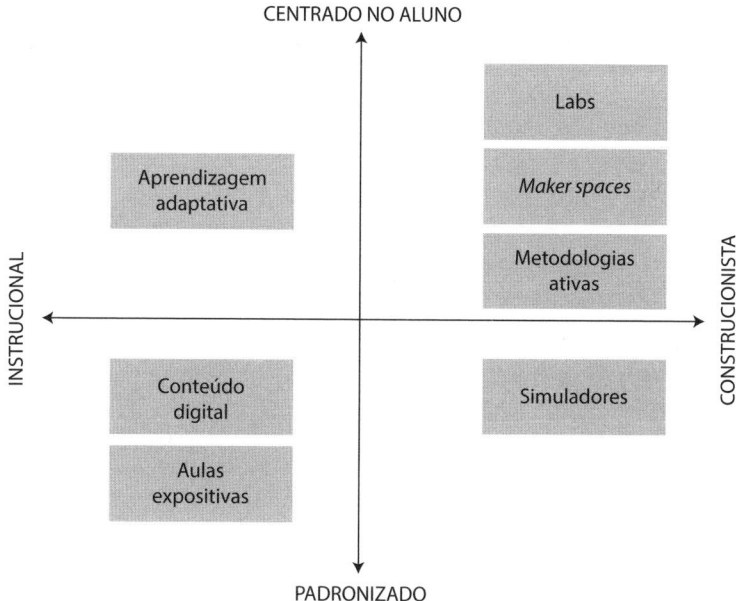

Figura 1.1 Modelos instrucionais, construcionistas, padronizados e centrados no aluno e suas associações.

e construcionista, pois o estudante precisa colocar a "mão na massa" (*hands on*), aplicando os conceitos teóricos por meio de práticas laboratoriais, construção de protótipos, discussão entre pares, elaboração de projetos, resolução de problemas, discussão de casos, entre outros. Por fim, os simuladores são um bom exemplo de um modelo construcionista e padronizado.

Um dos grandes problemas do nosso modelo educacional atual é que ele está fortemente alocado no quadrante inferior esquerdo dessa matriz. Tanto o ensino presencial tradicional quanto o ensino remoto e o ensino a distância são quase exclusivamente instrucionais e padronizados. Deveríamos partir para a construção de modelos em que a instrução e a padronização não prevaleçam e sejam substituídas por componentes construcionistas e mais centrados no aluno. A proposta não é eliminar os componentes instrucionais e padronizados, pois o acesso à informação, o embasamento teórico e o componente instrucional do processo são fundamentais para o bom funcionamento de modelos mais construcionistas, com uso de metodologias ativas de aprendizagem. A proposta é equilibrar melhor os quatro quadrantes da matriz apresentada na Figura 1.1. Hoje, ainda há um grande desequilíbrio, com o centro de massa fortemente posicionado no quadrante inferior esquerdo.

Na busca pelo reequilíbrio do nosso modelo educacional, parte da aula expositiva (ou toda ela, dependendo do modelo) poderia ser substituída por conteúdo digital, em trilhas de aprendizagem ou plataformas adaptativas que permitissem o acesso do aluno ao conteúdo quando quiser, onde estiver, quantas vezes quiser ou precisar, em seu próprio ritmo. Isso permitiria que, nos momentos presenciais ou *on-line* síncronos, no caso do ensino remoto, o tempo da aula e a oportunidade de interação entre os colegas e entre professor e aluno fossem aproveitados para a realização de metodologias mais construcionistas, centradas no aluno.

Com base na Figura 1.2, pode-se inferir o seguinte:

1. As aulas expositivas poderiam ser facilmente substituídas por elementos menos presenciais e assíncronos, como conteúdo digital, trilhas de aprendizagem *on-line* ou plataformas adaptativas.
2. Os momentos presenciais, em sala de aula, e as atividades síncronas, no ensino remoto, deveriam ser dedicados a metodologias mais construcionistas, centradas no aluno.

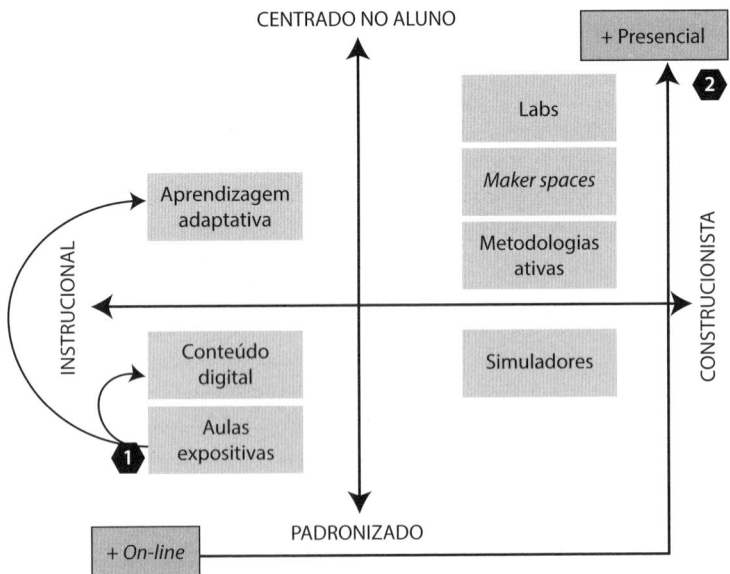

Figura 1.2 Como utilizar a transformação digital para reequilibrar os quatro quadrantes do processo de ensino e aprendizagem, promovendo melhor aproveitamento dos momentos presenciais.

UTILIZANDO A TECNOLOGIA PARA APLICAR AS METODOLOGIAS ATIVAS EM UM AMBIENTE 100% *ON-LINE*

Embora seja bastante comum a aplicação de metodologias ativas de aprendizagem em um ambiente físico, no formato exclusivamente presencial, isso não é uma regra. Um dos grandes problemas do ensino remoto adotado durante o distanciamento social provocado pela covid-19 foi a réplica do modelo presencial tradicional, predominantemente expositivo. Ou seja, durante o ensino remoto, boa parte das instituições de ensino, desde o ensino fundamental até o ensino superior, utilizaram as ferramentas de webconferência (Zoom, Google Meet, Blackboard Collaborate, Teams) para a realização de aulas expositivas. Utilizamos tecnologia digital para replicar um modelo falido. Hoje já há tecnologia disponível para aplicação de metodologias ativas de aprendizagem em um ambiente 100% *on-line*. Os recursos de interação síncrona em um AVA permitem a reprodução de diversas metodologias ativas de aprendizagem que até pouco tempo só poderiam ser aplicadas em um ambiente físico. Recursos como o *breakout groups* (Collaborate), salas temáticas (Meet), *breakout rooms* e salas simultâneas (Zoom) permitem que os professores proponham um problema via webconferência e dividam os alunos em grupos ou salas virtuais privadas nas quais poderão iniciar uma discussão entre colegas, por exemplo.

No Brasil, já estamos experimentando a aplicação do *peer instruction* em um ambiente 100% *on-line*, com uso de diversas plataformas, e os resultados têm sido bem animadores. Durante a pandemia, esse movimento foi escalado e diversas instituições, em vários níveis de ensino, passaram a utilizar o *peer instruction* e outras metodologias ativas de aprendizagem para quebrar a hegemonia da exposição durante os momentos *on-line* síncronos. Alunos e professores interagem em tempo real, com alto grau de engajamento. Nos Estados Unidos, um bom exemplo desse modelo, concebido bem antes do início da pandemia, é o Projeto Minerva (minervaproject.com), que desenvolveu uma plataforma própria, desenhada com o propósito de promover a aplicação de metodologias ativas em um formato 100% *on-line*. O *peer instruction* é uma das metodologias adotadas pelo Minerva e é aplicado em boa parte dos momentos síncronos. No Brasil, o *peer instruction* também tem sido uma metodologia ativa bastante utilizada nos pilotos 100% *on-line*, com resultados satisfatórios.

O *peer instruction* é apenas uma das metodologias ativas que permitem a inversão da sala de aula. Trata-se de uma técnica relativamente simples, concebida pelo professor Eric Mazur, do departamento de física da Universidade de Harvard, que permite aos alunos participarem ativamente da aprendizagem, enquanto o professor passa a ser um importante moderador desse processo. O principal objetivo do método é ensinar os fundamentos conceituais de um determinado conteúdo e, ao mesmo tempo, trabalhar a habilidade do aluno para resolver problemas. Inicialmente, foi desenhado para ocorrer presencialmente, mas vem ganhando os ambientes virtuais de aprendizagem a partir do avanço tecnológico das plataformas de interação. No *peer instruction on-line*, o acesso prévio ao conteúdo introduz o conceito no próprio AVA, de forma assíncrona (cada aluno no seu próprio tempo). Nos momentos síncronos, durante uma sessão de webconferência, os alunos assimilam o conteúdo, esclarecem eventuais dúvidas e aprofundam a compreensão sobre um determinado tema.

A problematização durante os momentos síncronos é feita da seguinte forma:

1. Em primeiro lugar, o professor deve propor um problema para os alunos.
2. Depois disso, cada aluno deve fazer uma reflexão individual sobre o tema, elaborando sua resposta.
3. Após a reflexão, cada aluno deve dar a sua resposta individual, na própria plataforma de webconferência, utilizando uma ferramenta de *polling*, votação ou enquete.
4. Terminando a rodada de respostas individuais, o professor divide os alunos em grupos de 4 a 6 participantes, por meio de um comando no próprio AVA (*breakout groups*, salas simultâneas ou salas temáticas). Isso permite que os alunos discutam o problema com os seus colegas de grupo, criando argumentos que justifiquem sua escolha e tentando convencer seus pares de que seus argumentos são corretos.
5. Após a discussão, o professor desfaz os grupos e abre uma nova rodada de respostas individuais para toda a turma.
6. Por fim, o professor divulga a resposta correta e explica os argumentos que o levaram àquela resposta.

Tudo isso ocorre em um ambiente 100% *on-line*, com alto grau de interação. Além do *peer instruction*, diversas metodologias ativas podem ser aplicadas em um ambiente 100% *on-line*, tais como aprendizagem baseada em projetos (PjBL), aprendizagem baseada em problemas (PBL), *design thinking*, estudo de caso, aprendizagem em equipes (TBL), método Trezentos, entre outras.

Ou seja, a tecnologia permite não somente a transformação de boa parte das aulas expositivas em conteúdo digital ou aprendizagem adaptativa, mas também a reprodução de ambientes físicos de aprendizagem para a aplicação de metodologias ativas, promovendo uma experiência de sala de aula invertida mesmo em um modelo de ensino 100% *on-line*.

A MODELAGEM DO ENSINO HÍBRIDO

O grande desafio na modelagem de uma proposta híbrida, de inversão da sala de aula, que busca um reequilíbrio entre os componentes instrucionais e construcionistas do processo, é o dimensionamento de cada uma das atividades que serão propostas de forma *on-line* e presencial. Basicamente, é necessário considerar quatro pilares:

- Conteúdo.
- Interação *on-line* síncrona.
- Interação *on-line* assíncrona.
- Interação presencial.

O dimensionamento dessas atividades é muito importante para que o aluno não fique sobrecarregado e consiga cumprir todo o percurso formativo planejado para um determinado período (por dia, semana, módulo ou semestre). É muito comum a proposição de modelos que sobrecarregam os alunos com atividades que não necessariamente agregam valor ao processo. A construção de um modelo híbrido não consiste apenas em incluir momentos presenciais em um modelo 100% *on-line*, tampouco incluir conteúdo e atividades no ambiente virtual em um modelo 100% presencial. O ponto de partida para o modelo híbrido não é o ensino presencial nem o ensino a distância, mas ele próprio. Dimensionar bem cada um dos elementos que o compõem é fator crítico para o sucesso do modelo.

Uma das primeiras definições na estruturação de um modelo híbrido é o conteúdo a ser utilizado. É fundamental definir as possíveis trilhas de aprendizagem e como a curadoria do conteúdo ocorrerá. Alguns modelos, como o de Olin College, Estados Unidos, por exemplo, preveem que o próprio aluno seja responsável pela busca do conteúdo, sem nenhum tipo de curadoria ou estruturação prévia por parte do professor ou da instituição. No Brasil, o modelo que prevalece é o estruturado, em que a instituição disponibiliza o conteúdo para os alunos, podendo ser produzido pela própria organização ou contratado de um fornecedor de conteúdo digital. Hoje, já existem várias soluções de conteúdo no mercado que eliminam a necessidade de produção interna. Algumas perguntas devem ser feitas durante a definição do conteúdo: quais são os objetos de aprendizagem que serão disponibilizados? Vídeos, textos, *podcasts*, infográficos, desafios? Qual o tamanho de cada um? Quanto tempo estima-se que cada aluno se dedique ao conteúdo? O conteúdo será próprio, contratado ou misto? Essas são algumas questões que deverão ser feitas durante o dimensionamento do conteúdo a ser disponibilizado. Os Capítulos 3 e 4 poderão ajudar a responder algumas dessas perguntas, contextualizando a todo momento os diferentes papéis da gestão e do pedagógico, bem como o importante papel de equipes multidisciplinares para a realização da curadoria de conteúdo.

O dimensionamento das atividades *on-line* assíncronas é outro ponto importante. Que tipos de atividades serão realizadas pelos alunos no ambiente virtual? Fóruns de discussão? Fóruns de dúvidas? Exercícios? Avaliações? E que atividades *on-line* síncronas serão propostas? Webinário? Webconferência? *Chats* ao vivo? Aplicação de metodologias ativas de aprendizagem? As atividades síncronas tendem a gerar mais engajamento dos alunos e, por isso, é recomendável que sejam consideradas, principalmente em modelos de pouca presencialidade física. Os Capítulos 2, 5 e 6 proporcionarão uma reflexão sobre a utilização desses recursos e compartilharão boas práticas de quem já está colhendo resultados significativos em suas IES.

Por fim, quais atividades presenciais serão propostas? Se for um modelo de aprendizagem invertida, quais metodologias ativas serão aplicadas nos momentos presenciais? Por quanto tempo? Haverá aulas expositivas? Quanto e quando? Essa modelagem está de acordo com a legislação vigente? Os Capítulos 7, 8 e 9, nesse sentido, poderão contribuir com exemplos de metodologias e ferramentas que podem ser aplicadas e utilizadas considerando diferentes cenários de aprendizagem.

Esses são alguns pontos fundamentais a serem considerados na estruturação de um modelo híbrido. A soma da carga horária dedicada pelos alunos a esses quatro componentes não deveria ultrapassar 20 horas semanais, salvo algumas exceções. Por exemplo, se a modelagem prever dois dias de aulas presenciais com 4 horas por dia, a soma do tempo estimado de dedicação às atividades *on-line* (acesso ao conteúdo, interações síncrona e assíncrona) não deveria ultrapassar 12 horas. Se forem três dias de aulas presenciais, as atividades *on-line* não deveriam ultrapassar 8 horas de dedicação. Por isso, esses elementos devem sempre estar interconectados e muito bem dimensionados, para que se evite sobrecarga de trabalho e, em alguns casos, uma subcarga que pode comprometer a aprendizagem. Isso acontece, normalmente, em modelos 100% *on-line* autoinstrucionais, com pouca interação.

COMO SURFAR A NOVA ONDA DO ENSINO HÍBRIDO?

Está claro que nosso modelo educacional tradicional está falido. A pandemia da covid-19 acelerou a necessidade de mudança e de hibridização da educação. Precisamos transformar o atual modelo *just in case* em um modelo *just in time*, com mais utilização das metodologias ativas de aprendizagem. Para tanto, a tecnologia digital virá como um importante suporte para transformarmos pelo menos parte das aulas expositivas em conteúdo *on-line*, configurando um modelo verdadeiramente híbrido, com inversão da sala de aula. Nesse novo modelo, haverá maior equilíbrio entre instrução e construção e entre padronização e individualização. Em tempos de transformação digital, já temos tecnologia de ponta para avançarmos em busca de um novo modelo, já temos conteúdo de qualidade para dar suporte ao embasamento teórico e já temos, sobretudo, metodologias que comprovadamente funcionam bem melhor do que o falido modelo tradicional. O que nos falta é iniciativa. Sem dúvida, estamos prontos para surfar essa nova onda, em um oceano que ainda é azul.

REFERÊNCIAS

FREEMAN, S. *et al.* Active learning increases student performance in science, engineering, and mathematics. *PNAS*, Washington, DC, v. 111, n. 23, 10 jun. 2014, p. 8410-8415. Disponível em: https://www.pnas.org/content/111/23/8410. Acesso em: 2 mar. 2020.

HORN, M. B.; STAKER, H. *Blended:* usando a inovação disruptiva para aprimorar a educação. Porto Alegre: Penso, 2015.

2

Práticas pedagógicas inovadoras: novos desafios

Daiana Garibaldi da Rocha
Luis Borges Gouveia
Paula Peres

Escrever sobre práticas pedagógicas inovadoras nos tempos atuais se tornou um grande desafio. Em primeiro lugar, porque precisamos revisitar conceitos pedagógicos seminais e relacioná-los com conceitos mais contemporâneos, que buscam, em sua essência, proporcionar a aprendizagem aos alunos na sua totalidade. Em segundo, porque escrever sobre inovação na área da educação é percorrer a história, enfrentar resistências, falar de tecnologias e, principalmente, entender que professor e aluno se complementam – ensinam e aprendem juntos.

A relação entre práticas pedagógicas inovadoras e tecnologias nos provoca a pensar diferentes formas de ensinar e aprender e nos impulsiona a conectar cada vez mais a teoria com a prática. Em uma sociedade do conhecimento (PABLOS PONS, 2010; RICAURTE, 2016; ZÚÑIGA et al., 2018), em que todos estamos conectados e aprendendo constantemente, transformar essa ação natural e fluida em aprendizagem por meio de práticas pedagógicas inovadoras torna-se uma urgência nas instituições de ensino superior.

Assim, buscamos, aqui, contextualizar a efetiva contribuição das práticas pedagógicas inovadoras no universo da aprendizagem no ensino superior, o apoio das metodologias ativas (BACICH; MORAN, 2018) para essas práticas e os horizontes transversais que o ensino híbrido nos oferece (BACICH; TANZI NETO; TREVISANI, 2015).

Além disso, propomo-nos a discutir os desafios da implementação dessas práticas em currículos que ainda são regidos por legislações desconexas ao perfil dos alunos em uma sociedade do conhecimento que anseia por uma aprendizagem disruptiva (SECURATO, 2017) e compartilhamos preocupações que perpassam desde a construção da prática até sua experiência junto ao aluno.

Pretendemos mostrar, ainda, como, principalmente na Europa, essas práticas pedagógicas inovadoras podem aproximar os alunos da empregabilidade.

Nesse contexto, o uso e a exploração do digital trazem novas oportunidades e outros tantos desafios. Para ensinar e aprender com a ajuda de recursos digitais, duas dimensões associadas são necessárias: conhecer as tecnologias de informação e comunicação (TICs) e saber usá-las no contexto do ensino e da aprendizagem. Tal processo leva tempo e exige um investimento e uma disponibilidade que, em muitos casos, se revelam um desafio para professores e alunos, já sobrecarregados pelas exigências do dia a dia.

Este capítulo procura, então, discutir os esforços dos educadores no sentido de aproveitar as tecnologias e o digital para melhorar suas práticas, recorrendo a modelos pedagógicos mais adequados e eficazes no contexto atual.

A discussão apresentada a seguir, então, é orientada por estas questões:

- Como inovar e qual o espaço da inovação no contexto do ensino e da aprendizagem?
- Como relacionar inovação e tecnologia e quais os potenciais resultados?
- Como as práticas pedagógicas inovadoras podem auxiliar na construção de experiências mais interessantes para quem aprende (e quem ensina)?
- Que exemplos de práticas pedagógicas mais promissoras estão sendo testados no contexto atual?
- Como professores e alunos podem enfrentar com sucesso esses novos desafios digitais?

MUDAR É PRECISO

A transformação digital e seu impacto

Em muitos aspectos da nossa sociedade, o uso do digital permitiu um aumento de escala e complexidade no tratamento do simbólico. O uso continuado de computadores e redes possibilitou o desenvolvimento de novas práticas e levou à apropriação, quer por indivíduos, quer pelas organizações, de formas mais modernas de fazer o velho e de elaborar coisas novas. Entre essas práticas recentes, surgem a transformação digital e propostas de suporte da atividade humana com base na informação. A transformação digital pode ser entendida como uma alteração na atividade individual e organizacional associada a processos, competências e modelos para lidar com a criação de valor em um contexto de crescente aceleração, escala e complexidade (GOUVEIA, 2017).

A sociedade da informação se baseia nas TICs, que envolvem a aquisição, o armazenamento, o processamento e a distribuição da informação por meios eletrônicos, como o rádio, a televisão, o telefone (mais tradicional), os computadores e redes (ícones do nosso tempo), entre outros. De certo modo, a evolução foi, inicialmente, no sentido de integrar o analógico ao digital e, posteriormente, de transformar em digitais os produtos e serviços que sobreviveram, no que tange a sua utilidade, à convivência com o digital – exemplos como rádio, televisão e telefone constituem casos de sucesso nesse processo (GOUVEIA, 2017).

No contexto do impacto do digital, entendido como a representação de base eletrônica da informação com auxílio de computadores e redes, devem ser considerados dois dos conceitos essenciais ao indivíduo e a sua percepção da realidade: o espaço e o tempo (GOUVEIA, 2012).

De fato, verifica-se que um dos efeitos de recorrer ao digital é uma mudança profunda nos hábitos e na forma como os indivíduos manipulam a informação, com efeitos práticos no tempo e no espaço.

Como nos mostra Gouveia (2021), um exemplo simples que ilustra a busca pelo digital e seu impacto é a máquina fotográfica. Antes do advento do digital, a fotografia era obtida, na maioria dos casos, após o processo de captação da imagem, necessitando de intermediários. Seu custo era elevado (somado ao custo de oportunidade), e éramos obrigados a adquirir um rolo de negativos e a gerir o lote de exposições que ele oferecia (poderíamos descartar as fotografias defeituosas, mas eram comuns falhas em revelações pelas quais pagávamos). Adicionalmente, quando revelados os rolos, às vezes se verificava que não havia fotografias de momentos passados, que, possivelmente, não haviam sido capturados pela objetiva, e que, assim, acabavam perdidos. Em geral, só depois de ocorrido o momento é que poderíamos verificar se as fotografias, de fato, estavam adequadas. De qualquer modo, a fotografia analógica prosperou e desenvolveu uma indústria em seu entorno. Quem, dentre nossos leitores mais velhos, não se lembra de poder comprar rolos de fotografia em qualquer lugar, principalmente em pontos de atração turística? A existência de inúmeras lojas de revelação e de comércio especializado em fotografia também evidenciava um setor estável de atividade. Esse setor era complementado pelo hábito e pela tradição da troca de fotografias e de sessões de visualização conjunta entre amigos ou em família. O digital alterou tudo isso! De fato, o impacto da fotografia digital foi enorme. Do ponto de vista econômico, modificou o negócio nas lojas especializadas e os processos associados com a obtenção das fotografias (tirar uma ou muitas fotografias tem o mesmo custo de realização, bem como não existe revelação e a impressão pode ser feita em casa), além disso, mudou o próprio conceito de fotografia (a maioria nem chega a ser impressa), bem como os comportamentos, posto que as fotos passaram a ser visualizadas e partilhadas por meios eletrônicos, inclusive em redes sociais. De igual modo, a uniformidade das fotos é agora bem menor, visto que é possível transformá-las, apresentá-las e organizá-las por meio de inúmeros aplicativos de edição.

Ser digital não é apenas uma questão de tecnologia e de ter competências em TICs. Diz respeito também, e sobretudo, a como aumentar a criatividade e melhorar a capacidade de resolver problemas, características que (ainda) são inerentemente humanas. Nesse contexto, autores como Beach (2015) defendem que, além de ser digital, deve-se assumir uma dimensão digital do próprio ser humano (a frase funciona bem em inglês: *from "being digital" to becoming a "digital being"*). Beach (2015) acrescenta que a transformação digital requer uma liderança forte, do tipo *top-down*, e excelentes capacidades no domínio das competências em tecnologia, mas afirma igualmente que as organizações com melhor desempenho vão além, tratando de manter, cuidar e desenvolver o talento humano que lida com o digital, de acordo com o conceito de fundir as práticas analógicas e digitais dos profissionais envolvidos.

Rogers (2016), por sua vez, defende que a transformação digital é fundamentalmente uma questão de estratégia e de novas formas de pensar, e não uma questão de tecnologia. O autor também acrescenta que, embora questões associadas à estratégia e à melhoria da arquitetura das TICs sejam cruciais, o aspecto mais importante é o pensamento estratégico (ROGERS, 2016).

Para Perkin e Abraham (2017), a transformação digital tem as seguintes premissas: (1) é inevitável e, portanto, vai acontecer, independentemente das vontades particulares de um indivíduo ou de uma organização; (2) está associada a mais do que somente tecnologia, envolvendo estratégia, processos, cultura, comportamentos e pessoas; e (3) envolve uma mudança fundamental e de âmbito ampliado, levando à reinvenção da atividade humana.

Já tomando-se por base a abordagem de Christensen e Kaufman (2006), que enquadram as capacidades de uma empresa em três grandes áreas – recursos tangíveis e intangíveis, prioridades (estratégia e valores) e processos (nos modos formal e informal de realização do trabalho) –, pode-se observar que os processos de ensino e aprendizagem não são exceção.

Solis (2014), por sua vez, defende que a transformação digital consiste na redefinição do alinhamento ou no novo investimento em tecnologia e em modelos de negócio para, de modo mais eficaz, envolver os consumidores digitais em cada ponto de contato com todo o ciclo de vida da experiência do usuário.

Assim, alinhando tanto a definição operacional de organização, avançada por Christensen e Kaufman (2006), quanto as propostas de Solis (2014) e Perkin e Abraham (2017) para transformação digital, é possível definir esta última como a reinvenção de recursos, prioridades e processos de uma organização, de modo a garantir que esta se encontra apta para realizar o seu propósito no contexto de um mundo no qual o digital tem um potencial elevado de empoderamento.

A forma mais comum de relacionamento entre pessoas e informação é por meio da literacia da informação. Mutch (2008) avança que a literacia da informação contempla um conjunto de atributos, nomeadamente: o conhecimento dos recursos (de informação) mais comuns; a capacidade de enquadrar e realizar questões de pesquisa; a competência em localizar, avaliar, gerir e usar informação em um leque diversificado de contextos; a habilidade de recuperar informação, utilizando diversas mídias; a capacidade de decodificar a informação em uma variedade de formas; e a identificação de informação crítica (professores e alunos, mas essencialmente os primeiros, devem estar à altura desses novos desafios).

Conforme afirmado por Perkin e Abraham (2017), existem muitas definições para o conceito de digital que focam aspectos como conteúdos, interação, escala ou ubiquidade, referindo-se mais ao que o digital faz do que ao que ele é. A forma mais simples de definição é caracterizar o digital em termos do código binário (uns e zeros), como um método não analógico de transferir informação entre locais.

Por que razão considerar as pessoas e suas dinâmicas em uma organização? Porque, seguindo uma frase atribuída a Peter Drucker, "*Culture eats strategy for breakfast*",[1] a cultura organizacional tem domínio sobre os esforços de gestão e as resistências à mudança, bem como a resiliência proporcionada pelo desenvolvimento de uma cultura digital, sustentada na literacia digital das pessoas, parece constituir uma segurança bem maior para os resultados e o sucesso da transformação digital – pelo menos diminuirá o risco de insucesso perante a mudança (GOUVEIA, 2017).

O impacto do digital e o recurso às TICs estão também associados aos graus de liberdade que os recursos humanos ganham no que diz respeito às restrições de tempo e espaço. O digital torna elásticas as noções de tempo e espaço ao possibilitar sua combinação por via de plataformas digitais, permitindo e estendendo a interação humana a partir do partilhamento de espaços e tempo e, até mesmo, pelo estabelecimento de um novo espaço assíncrono e remoto, criando mundos artificiais que podem ser habitados e explorados no contexto individual ou das organizações.

A riqueza do ecossistema que junta dados, informações e conhecimento com o digital e com recursos humanos que sejam habilitados a lidar com interação humana direta e por via de informação cria o ambiente ideal para uma transformação digital.

O digital é inevitavelmente parte do futuro. As TICs têm um enorme potencial ainda por realizar, e as pessoas constituem o derradeiro fator de diferenciação. Nesse contexto, o primeiro desafio é, desde logo, a concretização das potencialidades oferecidas pela transformação digital, aliando literacia tecnológica, literacia informacional e capacidade de inovação e criatividade (GOUVEIA, 2017). Não é diferente nos contextos da escola e dos processos de ensino e aprendizagem.

---

[1] "A cultura devora a estratégia no café da manhã."

As promessas do digital

Estamos no final da segunda década do novo milênio. As alterações provocadas pelo digital e pelo uso intensivo de formas de mediação individuais, como as possibilitadas pelos dispositivos digitais, tornaram ainda mais intensa a tensão nos ambientes tradicionais de ensino e aprendizagem. Assim, o espaço de sala de aula tornou-se exíguo: insuficiente para as necessidades da nossa sociedade, diminuto para quem ensina e insignificante para quem aprende (GOUVEIA, 2020).

O digital trouxe novas formas de tempo e espaço que precisam ser exploradas, bem como uma maior urgência em lidar com o grupo e a cooperação entre indivíduos, dimensões-base para nos prepararmos para uma realidade na qual a criatividade e a inovação são valores requeridos (GOUVEIA, 2020).

As TICs têm sido o motor da crescente digitalização e, desse modo, de uma automatização cada vez mais sofisticada. Nesse contexto, os artefatos de construção humana estão se tornando mais evoluídos e autônomos, constituindo-se, muitas vezes, como mediadores, e até mesmo substitutos, do ser humano em suas funções e, em casos mais avançados, em suas realizações – propondo também a introdução de novos modelos pedagógicos para os processos de ensino e aprendizagem (GOUVEIA, 2017).

Esse nível de ambição tem feito emergir um questionamento sobre o papel da aula e suas limitações, já que esta corresponde a um registro do mesmo tempo, mesmo espaço e mesmo assunto. Esse alinhamento entre tempo, espaço e assunto é cada vez mais colocado em questão ante a diversidade e as solicitações impostas a indivíduos e grupos (GOUVEIA, 2020).

As promessas do digital foram precisamente as de oferta de um novo tempo assíncrono e de um novo espaço remoto, que criam alternativas, em muitos casos mais eficientes, para a interação, mesmo em contexto de ensino e aprendizagem. Neste último, estamos perante um desafio no qual as plataformas digitais estão transformando o papel da sala de aula, devido a uma pressão significativa para o abandono de práticas de ensino e aprendizagem que se baseiam em normativas exteriores e orientadas pelo lado da oferta em vez de corresponder à procura e, assim, perceber um contexto de aprendizagem mais diverso e plural, que se fundamente na transformação da transmissão de conhecimento para a partilha e das preocupações de avaliação de desempenho individual para uma avaliação de pares sustentada na interação (GOUVEIA, 2020).

Fazer diferente passa precisamente pela proposição de abordagens que possam ser de continuidade, a partir de transições pacíficas que permitam que os atores atuais (professores e alunos) acompanhem essas mudanças, fazendo parte do processo. Em alternativa, também podem surgir propostas radicais que transformem por completo o conceito da própria escola e de seu espaço físico ou digital e que reinventem, além dos processos de ensino e aprendizagem, os próprios atores envolvidos. No primeiro caso, estamos perante práticas de inovação contínua que respeitam o contexto anterior. No segundo, estamos diante de uma inovação disruptiva que, tal como a destruição criativa, proporciona o surgimento de novos contextos, cujo desfecho dificilmente estamos habilitados a prever. Muito provavelmente, instituições tradicionais enquadrarão a inovação contínua como a prática mais prudente e que melhor podem compreender e empreender dentro de seu campo de responsabilidade.

PRÁTICAS PEDAGÓGICAS INOVADORAS E A DISRUPÇÃO DE CURRÍCULOS

Atualmente, o sistema educativo é influenciado pelo dinamismo que se vive no plano social e que, no mínimo, exige a reflexão sobre as eventuais mudanças curriculares, pautadas pela contemporaneidade e pelo fácil acesso à informação. Nestes tempos em que o acesso à informação está facilitado e massificado, importa essencialmente refletir sobre o que fazer com a informação de que se dispõe. As instituições de ensino superior são, por isso, desafiadas a construir currículos inovadores que articulem conhecimentos, valores e atitudes em uma perspectiva global e de rede. A inovação curricular requer novos *modus operandi* em relação ao conhecimento e ao fortalecimento dos saberes pela participação ativa dos estudantes.

A contribuição efetiva nesse domínio requer a ampliação dos modos de atuação e a compreensão alargada do mundo, do indivíduo, da sociedade, das instituições de ensino superior e do mercado de trabalho. No atual contexto, surge a necessidade da criação de currículos amplos e holísticos que unam a teoria e a prática de uma comunidade de aprendizagem em rede, com capacidade crítica e reflexiva.

Não são muitos os estudos que discutem, de forma aprofundada, os pressupostos curriculares e pedagógicos inerentes à docência nas instituições de ensino superior (MESQUITA; FLORES; LIMA, 2018). Não obstante, as constantes mudanças tecnológicas têm incentivado reflexões sobre suas implicações nos contextos educativos. Atualmente, as sociedades se desenvolvem em espaços cada vez mais globais. Essa realidade conduz à reflexão sobre a preparação das gerações para a escalabilidade e para o trabalho em contextos universais. A necessidade da reforma curricular é, muitas vezes, impulsionada por pressões externas e pela urgência de criar contextos de aprendizagem significativos para os estudantes, dando-lhes a oportunidade de promover as aprendizagens em um mundo cada vez mais globalizado (COSTA; RIBEIRO, 2012) e digitalizado. A presença de currículos fragmentados em módulos (SILVA; BRIZOLLA; SILVA, 2013) constitui uma possível solução para evitar o grande número de desistências e reprovações, sobretudo no primeiro ano do curso superior (NICO, 2003). Idealmente, esses currículos, segundo alguns autores, devem ser multidisciplinares, interdisciplinares e transdisciplinares (CANIGLIA *et al.*, 2018; ALVES; REINERT, 2007). Acrescenta-se a importância de promover projetos colaborativos (CANIGLIA *et al.*, 2018; SILVA; BRIZOLLA; SILVA, 2013; TASDEMIR; GAZO, 2020), nacionais ou internacionais (CANIGLIA *et al.*, 2018), e pensar a escola como o *campus*, o currículo e a comunidade (MÜLLER-CHRIST *et al.*, 2014). É importante, também, desenvolver atividades de aprendizagem com empresas e outros organismos (TASDEMIR; GAZO, 2020; GUERRA-GUERRERO *et al.*, 2017), de natureza global e local (CANIGLIA *et al.*, 2018), em um redesenho curricular que acomode a promoção de atividades curriculares de natureza ativa (TASDEMIR; GAZO, 2020) e o desenvolvimento de competências por parte dos estudantes (GUERRA-GUERRERO *et al.*, 2017), mediadas pela teoria e pela prática, reconhecendo-os como sujeitos culturais, resultado do contexto sócio-histórico no qual se inserem.

Esse redesenho curricular, sublinhado por vários autores, exige a orientação do currículo para o estudante e o acompanhamento próximo pelo docente (TREPULE; TERESEVICIENE; RUTKIENE, 2015); o encontro entre quem ensina e quem aprende (NICO, 2003); e, muitas vezes, a diminuição da carga horária presencial e a possibilidade da implementação de módulos opcionais (JURDI *et al.*, 2018). Ainda, exige a formulação de propostas de atividades de aprendizagem metacognitivas voltadas para a reflexão e a autoavaliação, procurando promover a autonomia, a presença social e a capacidade de gestão de tempo, de modo a atingir os objetivos nos prazos definidos (TREPULE; TERESEVICIENE; RUTKIENE, 2015).

Para a concretização efetiva dessas premissas, é estrutural a correta articulação entre os eixos fundamentais do curso e os módulos (JURDI *et al.*, 2018), a reflexão sobre as considerações financeiras, de materiais e de investimento em recursos humanos (NYONI; BOTMA, 2020) e a digitalização das instituições de ensino superior (CANIGLIA *et al.*, 2018), ou seja, a implementação de estratégias específicas sustentáveis e de qualidade (NYONI; BOTMA, 2020; CANIGLIA *et al.*, 2018; LANE; VAN-DORP, 2011; MÜLLER-CHRIST *et al.*, 2014). Qualquer estratégia curricular deve estar alinhada com os objetivos institucionais (TASDEMIR; GAZO, 2020).

Nesse processo, podem surgir algumas barreiras, como a dificuldade de implementar metodologias ativas em todo o currículo, avaliar competências e habilidades e integrar conteúdos de diferentes disciplinas (COSTA; RIBEIRO, 2012), bem como a falta de consciencialização dos estudantes em relação à necessidade de sustentabilidade dos currículos (TASDEMIR; GAZO, 2020).

Assim, a organização do currículo para o ensino superior exige uma ação para além dos métodos e das metodologias que direcionam as aprendizagens, de forma que sejam incluídos novos ambientes dinâmicos e globais. Sua operacionalização pode gerar infinitas possibilidades que conduzam a um conhecimento plural. Não obstante, ainda é possível observar muitas estruturas curriculares fixas e conservadoras, com pouco espaço para diálogo e adaptações. A prática curricular mais observada é regida por um paradigma epistemológico positivista, pautado por aspectos de um saber pronto e disciplinarmente organizado, sequenciado de modo linear e transmitido, muitas vezes, de forma expositiva pelo docente. Esse contexto não é necessariamente ruim, mas a literatura também alerta para a importância de flexibilizar o currículo devido às novas exigências da sociedade em rede e a fim de formar cidadãos críticos. Os docentes devem promover uma cultura de independência e autonomia por parte dos estudantes, visando a capacidade de adaptação às constantes mudanças sociais, econômicas e tecnológicas.

Compreendendo, no entanto, que essa aspiração traz consigo enormes desafios, as referidas inovações curriculares podem começar por pequenas experiências pontuais e contextuais, cujo movimento poderá auxiliar na criação de uma cultura de participação e flexibilidade curricular.

AS PRÁTICAS PEDAGÓGICAS INOVADORAS

São várias as dimensões de mudança associadas ao uso e à exploração do digital. No entanto, nem todas as mudanças levam o aluno em consideração. Além das questões relacionadas às inovações pedagógicas, temos aquelas ligadas às considerações econômicas. Nesse contexto, estamos perante uma dupla utilização da tecnologia. Por um lado, como um novo campo de oportunidades e um potencializador dos processos de ensino e aprendizagem para um contexto mais digital e adaptado ao mundo em que vivemos, com desafios atuais e necessidades de integração bem diferentes dos que eram comuns há algumas décadas. Por outro, aproveitando a mudança, redefinindo custos e redesenhando processos cuja logística exige tempo e recursos mais do que o desejável. Essa dupla utilização de abertura de novo potencial *versus* luta pela sustentabilidade se tornou ainda mais crítica após o cenário de pandemia em que vivemos.

No entanto, parece ser consensual a importância da educação e seu papel na sociedade. Os programas associados ao ensino e à aprendizagem no contexto europeu apontam para a necessidade de desenvolver as competências digitais e assegurar uma educação ao longo da vida, com ciclos de nova aprendizagem, em função dos episódios profissionais de cada indivíduo em particular. A ideia é simples: depois de um período de formação superior, cada um irá prosseguir seu percurso profissional ciente da necessidade de regularmente retornar à formação, tanto para aprofundar seu conhecimento quanto para renová-lo.

Esse papel é novo para o ensino superior. A ideia de um público tradicional e jovem que inicia sua vida adulta pela passagem no ensino superior é alterada para um ambiente no qual públicos de diferentes idades e necessidades (e expectativas) partilham um ambiente de desenvolvimento e aprendizagem. Logo, ritmos, estratégias e ambientes tendem a ser bem mais diversificados e a exigir uma compatibilização entre o local físico e o local virtual; entre a clássica sala de aula presencial e os meios a distância. Nesse contexto, muito do que será o futuro ainda está por se concretizar. Mais uma vez, a pandemia tornou possível perceber um novo papel para o remoto, que pode abrir perspectivas para reconsiderar o uso do digital não apenas como uma modalidade alternativa, mas como componente do ensino presencial, promovendo usos mais flexíveis para os tempos e os espaços de ensino e aprendizagem – é nesse contexto que as propostas mais inovadoras vão se desenvolver.

Vivenciamos um tempo de pressas, no qual a informação flui com maior velocidade e em maior quantidade do que é possível lidar, mesmo na posse de recursos consideráveis. Isso impacta o que nos torna especialistas e ainda mais a criação de conhecimento. Talvez explique um maior interesse pelo conhecimento processual ou pelo saber-fazer (*know-how*), expressões empregadas para descrever o conhecimento prático sobre como fazer alguma coisa – uma receita, uma prática ou um algoritmo, tão referenciado atualmente.

O aqui e agora da necessidade de aprendizagem, até pelo contexto de crescente sofisticação digital (que acelera o tempo e encolhe o espaço), proporciona reações de individualização do ensino e da aprendizagem e práticas de autoaprendizagem. Talvez dois exemplos interessantes sejam as "ilhas de aprendizagem" (em inglês, *vulcan learning center*), da série *Star Trek*, nas quais, em um espaço imersivo, o conhecimento é "carregado" na mente de quem aprende por via de estímulos cognitivos e de forma rápida – uma transformação individualizada da sala de aula, de base emocional; e, de forma mais realista, os inúmeros exemplos de espaços de partilha e colaboração para aprendizagem – uma transformação coletiva da sala de aula, de base social – no contexto do mundo virtual do *Second Life*.

Esses são apenas dois dos muitos exemplos, ficcionais ou não, de práticas que têm sido propostas nos últimos anos. Isso também resulta da percepção de muitos de que a sala de aula deve ser reinventada e de que a forma de fazê-lo não é fácil e exigirá, além de mobilização, inovação. Sabemos que existe uma necessidade de educar para um mundo diferente e que a emergência de uma cultura digital com novas e transformadas competências está se impondo. São exemplos disso estudos como o DIGCOMP (c2021), no seio da União Europeia, que apresenta um modelo de competências digitais; a Organização para a Cooperação e o Desenvolvimento Econômico (INTERNATIONAL LABOR OFFICE; ORGANISATION FOR ECONOMIC CO-OPERATIOND AND DEVELOPMENT, 2018); ou o Fórum Econômico Mundial (WORLD ECONOMIC FORUM; ACCENTURE, 2016). Os dois últimos apresentam discussões fundamentadas sobre os desafios enfrentados em um contexto digital.

Preparar os indivíduos para um contexto no qual o acesso digital, o comércio digital, a comunicação digital, a literacia digital, uma ética digital, um quadro legal também digital, a existência de direitos e responsabilidades digitais, a necessidade de saúde e bem-estar digital e, por último, mas não menos importante, uma segurança digital é requisito para funcionarmos em sociedade.

Nesse contexto, as TICs proporcionam um meio que auxilia o caminho para a descoberta de uma sala de aula que promova também uma cidadania digital. Elas podem facilitar o acesso, reduzir custos, criar oportunidades e auxiliar no treino de competências. Em complemento, o conhecimento está implícito na própria tecnologia, e estamos perante a ironia de que é preciso tecnologia para reinventar o ensino e a aprendizagem, faltando conhecimento para o fazer, não apenas processual, mas também sobre o quê (além de como).

A dupla face do ensino e da aprendizagem é um bom ponto de partida, visto que possibilita tornar quem aprende e quem ensina parceiros nesse processo, uma relação diversa da existente. Em um contexto no qual a escala do tempo já não é somente humana e as oportunidades de mobilidade e comunicação são múltiplas (leia-se diversas), quem mais aprende é quem ensina, e, assim, todos devem aprender e ensinar, promovendo estratégias que estejam alinhadas com essa realidade.

Desde logo, um sentido mais utilitário para o uso do conhecimento, como defendido por Lipovetsky (2019), cuja obra apresenta uma crítica da nossa sociedade pelo seu pendor individualista e por ter se tornado um espaço de sedução, não autêntico. Ora, é precisamente para responder a essa situação que o autor defende que a sala de aula deve constituir um espaço/tempo de ideias e colaboração entre todos, proporcionando uma aprendizagem colaborativa, na qual todos ensinam e todos aprendem. Em limite, essa será uma posição ideal, permitindo um processo de construção que pode orientar a dicussão: devemos *aprender* o que precisamos e *reter* e *aplicar* o que aprendemos – constituindo, assim, um racional de utilidade que pode ser percebido por quem aprende (um desafio hoje, pois a percepção da utilidade da presença em sala de aula é cada vez mais difusa). Na obra *O choque do futuro*, curiosamente um livro sobre a mudança, Alvin Toffler (1998) defende que "Os analfabetos do futuro não vão ser aqueles que não sabem ler nem escrever, mas aqueles que não são capazes de aprender, desaprender e reaprender". É assim, em um contexto de redes, cooperação e comunidades, que a escola deve encontrar seu espaço de sobrevivência, como local de construção de uma cidadania digital e espaço de ensino e aprendizagem em colaboração.

E quando aprendemos? Como proporcionar oportunidades de ensino e aprendizagem favorecidas pela tecnologia em contexto de sala de aula? Por um lado, existem propostas como o Curso *On-line* Aberto e Massivo (em inglês, *Massive Open Online Course* [MOOC]), os jogos sérios (em inglês, *serious games*), a simulação, os conteúdos tridimensionais e interativos, a robótica e outros mecanismos interativos e a visualização em ambiente de informação que nos proporcionam um potencial de inovação e disrupção significativo para a sala de aula. Por outro, o legado e a capacidade instalada, bem como a (ainda) necessidade de considerar a escola uma instituição central da nossa sociedade, fazem da sala de aula um espaço privilegiado para processos de ensino e aprendizagem.

Além de poder explorar as propostas anteriores, a escola constitui um espaço de segurança, com as condições necessárias para focar uma aprendizagem que considere:

- um contexto com carga cognitiva reduzida, recorrendo a microaulas, vídeos, histórias curtas e ligação emocional;
- um ambiente de tentativa e erro, experimentando e praticando de forma segura e com suporte;
- tempo entre conteúdos e conceitos, facilitando a discussão e o enquadramento, além de esforço, que exige tempo e atenção (foco);
- conceitos tangíveis, com conteúdos, *produtizando* o conhecimento por via da leitura e talvez retomando o valor do livro, que parece ter sido redescoberto nos últimos tempos;
- estímulos visuais, com recurso ao multimídia, integrando o fascínio dos meios audiovisuais e interativos, cada vez mais poderoso e presente;
- diversidade, por meio do estímulo à curiosidade e ao "ver e ouvir" o diferente, incentivando uma cultura digital com capacidade crítica e tolerância.

Como estimular esse tipo de abordagem em contexto de sala de aula? O recurso a metodologias ativas é uma forma de inovar nesse ambiente. Ao colocar o indivíduo que aprende em um contexto no qual é também um produtor da sua própria aprendizagem, proporcionam-se oportunidades de explorar o conhecimento e se relacionar com os seus pares, recorrendo as suas competências e à cultura digital e integrando-as aos processos de ensino e aprendizagem (algo que tem constituído um desafio recorrente nos últimos anos).

Um exemplo de uma metodologia ativa é a sala de aula invertida (em inglês, *flipped classroom*), na qual se pretende que o aluno explore os conteúdos antes de sua discussão conjunta. Assim, na sala de aula, o espaço é de discussão e aprofundamento, e não de transmissão de conhecimento. Existe uma emergência de propostas para a adoção de práticas de sala de aula invertida, ora por meio da sistematização de modelos de adoção e prática, como o proposto por Lopes, Gouveia e Reis (2020), ora por meio do envolvimento de dispositivos móveis em sala de aula para integrar os tempos de aprendizagem individual e coletiva (MARTINS; GOUVEIA, 2020).

CONSIDERAÇÕES FINAIS – DESAFIOS

Os limites das TICs no que tange aos processos de ensino e aprendizagem são aparentemente cada vez menores e menos reconhecíveis. Nesse contexto, é defendido que tecnologia por tecnologia não deve ser aplicada, é necessário que se considere as TICs um instrumento, e não um fim em si. Em complemento, uma visão centrada na tecnologia impõe os seus próprios ciclos associados com o investimento, a aprendizagem do seu uso e exploração, a manutenção e a amortização de custos, para depois impor, ela própria, o custo da mudança e da nova adaptação.

Esse ciclo de tecnologia leva, muitas vezes, ao estabelecimento de uma âncora, à qual ficamos presos, como se ela representasse nosso próprio parque de competências – não esqueçamos que a mudança é o novo normal e que a diversidade é a promoção deste normal –, com exigências de flexibilidade e de agilidade que não imponham mais restrições do que as necessárias ao foco da nossa atividade (GOUVEIA, 2020).

Recentrar a atividade em quem aprende, e não em quem ensina, pode constituir o novo normal da sala de aula. Isso necessariamente impactará os espaços, as atividades e as estratégias de ensino e aprendizagem. Também os atores em sala de aula assumem (ou deveriam assumir) diferentes funções e devem criar dinâmicas de relacionamento mais associadas com um papel ativo de quem aprende e está envolvido nos processos de ensino e aprendizagem (GOUVEIA, 2017).

O contexto atual associado com a pandemia veio redefinir o valor da escola, da sala de aula e mesmo do professor. Em uma primeira fase, houve uma urgência de isolamento social e, posteriormente, uma nova ideia de que era necessário garantir, a todo custo, o funcionamento da escola da forma mais normal possível, independentemente da situação vivida (como é o caso das indicações políticas emanadas por muitos dos países europeus nas diretrizes para o seu sistema escolar).

Em boa verdade, podemos afirmar com toda segurança que, essencialmente, tudo está em aberto e que a verdadeira mudança nos processos de ensino e aprendizagem ainda está por vir. Ela será radical e provavelmente diversa, impondo práticas que levem em consideração os contextos e as necessidades de cada comunidade e grupo em particular. Será, também, mais inclusiva e adaptada em termos de tempo e idades e muito orientada para garantir respostas mais rápidas e flexíveis para as necessidades de uma sociedade mais complexa, que se move de um modo mais rápido e não uniforme. Dessa forma, uma inovação revolucionária será a criação de uma escola para as massas, que proporcione oportunidades a todos os indivíduos, para que estes sejam autônomos e sustentáveis na plenitude das suas capacidades – paradoxalmente, algo que, não sendo novo, a ser conseguido, é inovador.

REFERÊNCIAS

ALVES, F. M. S.; REINERT, J. N. Percepção dos coordenadores dos cursos de graduação da UFSC sobre a multidisciplinaridade dos cursos que coordenam. *Avaliação*: Revista da Avaliação da Educação Superior (Campinas), v. 12, n. 4, p. 685–702, 2007.

BACICH, L.; MORAN, J. (org.). *Metodologias ativas para uma educação inovadora*: uma abordagem teórico-prática. Porto Alegre: Penso, 2018. E-book.

BACICH, L.; TANZI NETO, A.; TREVISANI, F. M. *Ensino híbrido*: personalização e tecnologia na educação. Porto Alegre: Penso, 2015.

BEACH, G. From 'being digital' to becoming a 'digital being'. *Cognizanti*, v. 8, n. 1. p. 11–15, 2015.

CANIGLIA, G. et al. The glocal curriculum: a model for transnational collaboration in higher education for sustainable development. *Journal of Cleaner Production*, v. 171, p. 368–376, 2018.

CHRISTENSEN, C. M.; KAUFMAN, S. P. Assessing your organization's capabilities: resources, processes, and priorities. *Harvard Business School*, 2006. Case study.

COSTA, E. Q.; RIBEIRO, V. M. B. Análise de um processo de reforma curricular vivenciado por professores formadores de nutricionistas. *Ciência & Educação (Bauru)*, v. 18, n. 3, p. 657–673, 2012.

DIGICOMP. *Competência digital*. c2021. Disponível em: http://www.digcomptest.eu/index.php?lang=pt_br. Acesso em: 8 fev. 2021.

GOUVEIA, L. B. *Da transmissão à partilha e do desempenho à interação*: tecnologias de ensino no "saber fazer". Lisboa: Citeforma, 2017. Apresentação realizada durante o Seminário Tecnologias no Ensino / formação Saber Fazer. Disponível em: https://bdigital.ufp.pt/bitstream/10284/6271/1/9nov2017lx.pdf. Acesso em: 3 fev. 2021.

GOUVEIA, L. B. Tecnologias de informação documental: impacto do digital. *In*: FREITAS, J. (dir.); GOUVEIA, L.; REGEDOR, A. (ed.). *Ciência da informação*: contributos para o seu estudo. Porto: Universidade Fernando Pessoa, 2012. p. 41–69.

GOUVEIA, L. B. TIC e sala de aula: da transmissão à partilha e do desempenho à interação. *In*: SANTOS, V. (org.). *Novas tecnologias de informação ao serviço do ensino/formação*. Porto: Instituto do Emprego e Formação Profissional; Lisboa: Citeforma, 2020. p. 26–31. Atas do Ciclo de Seminários sobre Tecnologias no Ensino/Formação.

GUERRA-GUERRERO, V. et al. Innovación curricular en la educación superior: experiencias vividas por docentes en una Escuela de Enfermería. *Universidad y Salud*, v. 20, n. 1, p. 53–63, 2017.

INTERNATIONAL LABOR OFFICE; ORGANISATION FOR ECONOMIC CO-OPERATIOND AND DEVELOPMENT. *Global skills trends, training needs and lifelong learning strategies for the future of work*. Geneva: ILO; Paris: OECD, 2018.

JURDI, A. P. S. et al. Revisitar processos: revisão da matriz curricular do curso de terapia ocupacional da Universidade Federal de São Paulo. *Interface*: Comunicação, Saúde e Educação, v. 22, n. 65, p. 527–538, 2018.

LANE, A.; VAN-DORP, K. J. Open educational resources and widening participation in higher education: innovations and lessons from open universities. *In*: INTERNATIONAL CONFERENCE ON EDUCATION AND NEW LEARNING TECHNOLOGIES PROCEEDINGS, 3., 2011, Barcelona. *Proceedings* [...]. Valencia: IATED, 2011. p. 1353–1363.

LIPOVETSKY, G. *Agradar e tocar*: ensaio sobre a sociedade da sedução. Coimbra: 70, 2019.

LOPES, S. F. S. F.; GOUVEIA, L. M. B.; REIS, P. A. C. O método MaCAIES: uma proposta metodológica para a implementação da sala de aula invertida no Ensino Superior. *Research, Society and Development*, v. 9, n. 1, 2020.

MARTINS, E. R.; GOUVEIA, L. B. Benefícios e desafios do uso do modelo pedagógico ML-SAI. *Research, Society and Development*, v. 9, n. 1, 2020.

MESQUITA, D.; FLORES, M.; LIMA, R. M. Desenvolvimento do currículo no ensino superior: desafios para a docência universitária. *Revista Iberoamericana de Educación Superior*, v. 9, n. 25, p. 42–61, 2018.

MÜLLER-CHRIST, G. *et al.* The role of campus, curriculum, and community in higher education for sustainable development: a conference report. *Journal of Cleaner Production*, v. 62, p. 134–137, 2014.

MUTCH, A. *Managing information and knowledge in organizations:* a literacy approach. New York: Routledge, 2008.

NICO, J. B. O currículo universitário: uma questão de ensino ou de aprendizagem? *In*: ENCONTRO SOBRE O ENSINO DA ECONOMIA, 1., 2003, Évora. *Atas do* [...]. Évora: Universidade de Évora, 2003.

NYONI, C. N.; BOTMA, Y. Integrative review on sustaining curriculum change in higher education: Implications for nursing education in Africa. *International Journal of Africa Nursing Sciences*, v. 12, 2020.

PABLOS PONS, J. Higher education and the knowledge society: information and digital competencies. *Revista de Universidad y Sociedad del Conocimiento*, v. 7, n. 2, p. 6–15, 2010.

PERKIN, N.; ABRAHAM, P. *Building the agile business through digital transformation*. London: Kogan Page, 2017.

RICAURTE, P. Pedagogies for the open knowledge society. *International Journal of Educational Technology in Higher Education*, v. 13, 2016. Article 32.

ROGERS, D. L. *The digital transformation playbook*: rethink your business for the digital age. New York: Columbia Business School, 2016.

SECURATO, J. C. *Onlearning*: como a educação disruptiva reinventa a aprendizagem. São Paulo: Saint Paul, 2017. E-book.

SILVA, L. M.; BRIZOLLA, F.; SILVA, L. E. Projeto pedagógico do curso de licenciatura em Ciências da UFPR Litoral: desafios e possibilidades para uma formação emancipatória. *Revista Brasileira de Estudos Pedagógicos*, v. 94, n. 237, p. 524–541, 2013.

SOLIS, B. *The 2014 state of digital transformation*. 2014. Disponível em https://www.briansolis.com/2014/07/2014-state-digital-transformation/. Acesso em: 3 fev. 2021.

TASDEMIR, C.; GAZO, R. Integrating sustainability into higher education curriculum through a transdisciplinary perspective. *Journal of Cleaner Production*, v. 265, 2020.

TOFFLER, A. *O choque do futuro*. Rio de Janeiro: Record, 1998.

TREPULE, E.; TERESEVICIENE, M.; RUTKIENE, A. Didactic approach of introducing Technology Enhanced Learning (TEL) curriculum in higher education. *Procedia*: Social and Behavioral Sciences, v. 191, p. 848–852, 2015.

WORLD ECONOMIC FORUM; ACCENTURE. *World Economic Forum white paper*: digital transformation of industries: digital enterprise. Geneva: World Economic Forum, 2016.

ZÚÑIGA, R. P. *et al*. La sociedad del conocimiento y la sociedad de la información como la piedra angular en la innovación tecnológica educativa. *Revista Iberoamericana para la Investigación y el Desarrollo Educativo*, v. 8, n. 16, 2018.

Leituras recomendadas

EUROPEAN CIVIL SOCIETY FOR EDUCATION. *Lifelong Learning Platform*. [2021]. Disponível em: http://lllplatform.eu/. Acesso em: 4 fev. 2021.

GOUVEIA, L. B. *Responder a um contexto digital nas IES*. Porto: Universidade Fernando Pessoa, 2019. Apresentação realizada no Painel 3 - Modelos pedagógicos de EaD adequados ao Ensino Superior, durante a 1ª Convenção de Ensino a Distância, Desafios do EaD no Ensino Superior. Disponível em: https://bdigital.ufp.pt/bitstream/10284/7569/1/ipp_6maio2019.pdf. Acesso em: 3 fev. 2021.

GOUVEIA, L. B. Transformação digital: desafios e implicações na perspectiva da informação. *In:* MOREIRA, F. *et al.* (coord.). *Transformação digital:* oportunidades e ameaças para uma competitividade mais inteligente. Faro: Silabas e Desafios, 2018. cap 2, p. 5–28.

GOUVEIA, L. B. Uma reflexão sobre o digital e o impacte no trabalho. *In:* FERREIRA, C.; CASTRO, K.; COIMBRA, J. (ed.). *Lugares de trabalho, espaços de aprendizagem:* a relevância da formação para o trabalho. Porto: Instituto Emprego e Formação Profissional, 2015. p. 151–160.

3

Caminhos para um ensino disruptivo: o caso do Educações em Rede

Fernanda Araujo Coutinho Campos
Ana Paula Cavalcanti

CONTEXTO: PANDEMIA COVID-19 E ENSINO REMOTO

No ano de 2020, que se tornou um marco para a história da humanidade, foi preciso reajustar, reorganizar e se adaptar em todos os níveis sociais. A educação foi atingida diretamente, com o fechamento das escolas. Ações rápidas foram imprescindíveis para apresentar respostas à comunidade escolar. Foi nesse contexto que colocamos em prática uma experiência disruptiva de educação para a formação de professores que denominamos Educações em Rede (ER): um grupo de professores que se propôs a oferecer formações gratuitas, abertas e *on-line*, como forma de contribuir com os seus pares.

Nesse sentido, evidenciamos que os objetivos deste capítulo são descrever o contexto histórico em tempos de pandemia da covid-19; identificar o que foi compreendido por ensino remoto; relatar a formação e as ações do grupo ER; refletir sobre o que os webinários nos ensinaram; e, por fim, indicar perspectivas para o futuro da educação.

A covid-19, uma doença altamente contagiosa e com efeitos – até então – desconhecidos, começou a se alastrar rapidamente. Transmitido por via respiratória, o vírus exigiu a restrição da circulação das pessoas a fim de diminuir o contágio. Assim, muitos países decidiram realizar o *lockdown*.

Como forma de garantir a manutenção dos serviços de saúde, as cidades brasileiras iniciaram a medida de quarentena, em acordo com a Portaria nº 356 do Ministério da Saúde, que sugeria o isolamento social por 40 dias ou mais. Dado esse contexto, as escolas foram fechadas e impossibilitadas de manter o ensino presencial.

Em 2020, o ano que mais pareceu um temporal, vivenciamos e sentimos as turbulências no sistema de saúde, na economia, nas relações sociais e na educação. Conforme questiona Harari (2018, p. 306), "Como viver num mundo em que a incerteza profunda não é um defeito do sistema, mas uma característica do próprio sistema?". No fatídico 2020, a incerteza do sistema foi latente. Foi-nos exigido parar, refletir, reaprender, reorganizar, recriar e reinventar.

No caso da educação, tema que nos é caro, as mudanças foram de bases estruturais e de mediação. As escolas fecharam, mas as aulas continuaram nas salas das famílias, tendo como suporte as tecnologias, sejam elas computadores, telefones celulares, televisores ou apostilas. Durante a pandemia, fomos forçados a repensar as metodologias tradicionais, direcionadas para o conteúdo. Foi necessário refletir e colocar em prática as metodologias com foco nas competências. Nunca se falou tanto de metodologias ativas, e a Base Nacional Comum Curricular (BNCC) ganhou ainda mais destaque.

As ações realizadas durante a pandemia só foram possíveis graças ao desenvolvimento tecnológico experienciado até o momento. Devido a esse fato, houve a possibilidade e a opção pela continuação do ensino.

Diante das medidas de isolamento, as escolas, sobretudo as privadas, retomaram suas atividades letivas por meio do ensino remoto. Mas o que vem a ser o ensino remoto? Por que se diferencia do tradicional e histórico ensino a distância?

A definição de ensino remoto é recente, fruto do fechamento emergencial das escolas em tempos de pandemia da covid-19, no ano de 2020. Essa definição foi evidenciada pela necessidade de transitar do regime presencial para o regime digital (DIAS-TRINDADE; HENRIQUES; CORREIA, 2020). Ou seja, de forma obrigatória, os professores e os estudantes tiveram que migrar "[...] para uma realidade on-line, transferindo metodologias e práticas típicas dos territórios físicos de aprendizagem [...]" (MOREIRA; HENRIQUES; BARROS, 2020, p. 352), com a transmissão de aulas "[...] em tempo instantâneo por sistemas de webconferências, as chamadas *lives,* que permitem que professores e alunos tenham condições de realizar interações e organizarem seus tempos de aprendizagem da forma mais próxima à educação presencial" (ARRUDA, 2020, p. 262).

O ensino remoto foi denominado dessa forma por não corresponder às efetivas práticas da educação a distância, mas por ser uma transposição de práticas presenciais para o *on-line* – sem um desenho próprio, sem uma equipe multidisciplinar, sem formação específica para a educação *on-line*, sem planos robustos e sem suportes sociais. O foco eram os momentos síncronos, em um planejamento em tempo real de uma transposição do presencial (HODGES *et al.*, 2020).

A escolha pela virtualidade foi experienciada por outros países e, no caso brasileiro, orientada por órgãos oficiais, como o Conselho Nacional de Educação (CNE), o Ministério da Educação (MEC) e as Secretarias de Educação dos estados e dos municípios. O primeiro Parecer CNE/CP nº 5, de 28 de abril de 2020, homologado pelo MEC e depois reexaminado em outras publicações, alude ao ensino remoto como alternativa para a suspensão das aulas presenciais. Nesse parecer, o CNE traz recomendações para todas as modalidades de ensino. Aos estudantes do ensino fundamental, por exemplo, recomendam-se aulas gravadas para a exibição em televisão ou via plataformas digitais; sistema de avaliação a distância; distribuição de vídeos (de curta duração) educativos por meio de ambientes *on-line*, sem a necessidade de conexão simultânea; realização de atividades *on-line* síncronas; organização de grupos por meio de aplicativos de mensagens instantâneas; entre outras ações. Sabe-se que nas escolas particulares o acesso a ambientes *on-line*, a participação em aulas síncronas e a visualização de vídeos foram bem mais viáveis, já que a clientela dessas escolas pertence a um nível socioeconômico de maior renda e, portanto, com acesso a banda larga e diversos dispositivos. Na contramão, estudantes de escolas públicas, pertencentes, em sua maioria, às classes sociais mais vulneráveis, tiveram acesso somente a vídeos gravados e exibidos em televisão e, na melhor das hipóteses, aos aplicativos de mensagens instantâneas. Nesse sentido, é importante destacar que, em um país com notável desigualdade social, os efeitos da pandemia foram nefastos, causando maior impacto na vida das crianças e dos jovens das escolas públicas.

O ensino remoto também impôs novos espaços de aprendizagem. No entanto, estes não estavam devidamente preparados, em termos estruturais e pedagógicos, para o que de fato se compreende como educação a distância.

A modalidade de ensino remoto foi a solução encontrada pelas escolas para minimizar os efeitos do distanciamento social em uma pandemia; entretanto, essa alternativa não reduz as notáveis desigualdades entre estudantes de escolas públicas e particulares. O ensino remoto vem se constituindo em uma realidade viável, garantindo o prosseguimento do período letivo, bem diferente da experiência vivenciada durante a pandemia da gripe espanhola, em 1918. Há 100 anos, a alternativa foi suspender sumariamente as aulas, e os estudantes foram aprovados sem os exames (TORTAMANO, 2020).

Em 2020, os estudantes não ficaram completamente desassistidos devido às possibilidades das tecnologias digitais e às pesquisas acerca de sua aplicabilidade no ensino. A nova pandemia está inserida em um contexto de cibercultura.

A cibercultura é definida por Lévy (1999) como um conjunto de técnicas (materiais e intelectuais), práticas, atitudes, modos de pensamento e valores que se desenvolvem com o crescimento da interconexão mundial dos computadores. Nessa circunstância, surge uma complexa conexão planetária, constituída por comunidades virtuais, um grupo de pessoas que se correspondem mutuamente por intermédio de computadores interconectados. Tais comunidades vêm crescendo substancialmente nos últimos anos devido às plataformas digitais, às redes sociais, aos aplicativos e aos dispositivos móveis (LÉVY, 1999).

Dentre as possibilidades de conexão, surgem as comunidades virtuais de prática (CVPs). De acordo com Schlemmer (2012), as CVPs são grupos de indivíduos que se reúnem para desenvolver um trabalho comum, compartilhando formas de trabalhar juntos, experiências, instrumentos e práticas, e acreditam que a aprendizagem compartilhada é um valor a ser preservado.

As CVPs têm como principal objetivo produzir e compartilhar conhecimento vinculado à prática profissional de forma espontânea por meio do uso das tecnologias digitais, buscando atender às necessidades dos seus membros.

Na perspectiva do contexto descrito, um grupo de cinco professores se reuniu com a intenção de partilhar conhecimento em rede, de forma transgressora e disruptiva. Com o inevitável fechamento das escolas, os componentes do grupo sentiram-se responsáveis por auxiliar os seus pares docentes em um momento que exigia rápidas transformações para o ensino mediado por tecnologias digitais. O projeto Educações em Rede (ER) foi assim nomeado por acreditar-se que a educação precisa ser compreendida no plural, com suas multiplicidades teóricas e pedagógicas, suas multimodalidades e suas diversas perspectivas de aprendizagem.

Passaremos, agora, a descrever as ações do grupo e a demonstrar sua relevância nesse contexto.

GRUPO EDUCAÇÕES EM REDE: OBJETIVOS E DESCRIÇÃO DA EXPERIÊNCIA

Desde o início do projeto, o objetivo do grupo ER foi abrir fronteiras educativas. Acreditamos que a educação não deve estar fechada entre os muros institucionais, com o conhecimento de professores pesquisadores estando restrito à academia. O projeto foi constituído como uma ação entre pares, produzida por e para professores; uma ação não formal e desinstitucionalizada. O grupo ocupou o espaço virtual com o propósito de constituir um nó na rede de democratização do conhecimento, por meio de práticas educacionais abertas e conectadas.

As atividades do ER aconteciam de forma espontânea, independentemente de currículo ou avaliações formais, como uma oportunidade de aprendizagem ao longo da vida. No ambiente descrito, a motivação em aprender era a necessidade de adaptação ao novo cenário educacional, no qual as tecnologias digitais foram integradas forçosamente às práticas educativas.

Na perspectiva da aprendizagem firmada na colaboração e no protagonismo dos interlocutores, a experiência do ER pode ser definida como disruptiva. Entendemos que a educação disruptiva, em concordância com Spilker e Nascimento (2013), é desconstrutiva e permissiva aos atores da inteligência coletiva, em que a criatividade e a adaptabilidade são elementos essenciais, assim como as comunidades de aprendizagem *on-line*. Nesse sentido, os atores imersos no processo disruptivo se assumem não só como consumidores, mas também como produtores de conhecimento. Se o conhecimento está aberto e em conexão, entende-se que os atores se constituem como nós dessa rede. Conforme visto anteriormente, os ideais do grupo correspondem a essa definição.

Durante o período correspondente ao que ficou conhecido como a primeira onda da pandemia (de abril a setembro de 2020), o ER produziu e compartilhou múltiplos conteúdos em diferentes formatos audiovisuais: webinários, tutoriais, oficinas, vídeos-reflexão, infográficos e artigos, distribuídos em rede por meio do YouTube,[1] do Wordpress[2] e de redes sociais – Linkedin,[3] Instagram[4] e Facebook.[5]

O projeto alcançou mais de 1.500 professores do Brasil e de Portugal, conforme dados extraídos do formulário de inscrição das atividades. Nossos conteúdos foram acessados mais de 6.000 vezes, alcançando não apenas os usuários dos países citados, como também pessoas residentes nos Estados Unidos, na China, na Alemanha, na Tailândia, na Rússia e outros países, como indicado na Figura 3.1.

Figura 3.1 Fotografia de acesso ao conteúdo do Wordpress do ER.
Fonte: Educação em Rede (2020).

---

[1] Canal do ER no YouTube. Disponível em: https://www.youtube.com/channel/UCbwuKo04wV-KnlFhBsCHqjw.
[2] Wordpress. Disponível em: https://educacaoesemrede.com/.
[3] LinkedIn. Disponível em: https://www.linkedin.com/in/educacoesemrede/.
[4] Instagram. Disponível em: https://www.instagram.com/educacoesemrede/.
[5] Facebook. Disponível em: https://www.facebook.com/educacoesemrede.

Durante sua atuação, conforme Campos e Cavalcanti (2020), o grupo produziu 48 vídeos – 27 webinários, 11 tutoriais, 7 oficinas *on-line*, 2 vídeos-reflexão, 1 palestra. Em todas essas ações, contamos com a presença de 40 convidados – profissionais da educação – para refletir sobre os desafios do ensino remoto e para apresentar propostas de utilização das ferramentas digitais. Em outras palavras, estivemos sempre atentos e prontos para superar os desafios impostos pela interrupção das atividades presenciais.

As primeiras atividades do grupo foram realizadas com o que imaginamos que seria preciso. No entanto, conforme analisávamos os *feedbacks* dos formulários de inscrição, percebemos a necessidade de abordar temas que versassem sobre metodologias ativas, ferramentas digitais, produção de aulas virtuais, avaliação *on-line*, ensino virtual para a educação infantil, recursos educacionais abertos, redes sociais e educação, ensino híbrido, educação inclusiva, dentre outros.

As experiências realizadas pelo grupo ER foram de grande valia para todos os envolvidos. Por um lado, o próprio grupo desenvolveu competências e adquiriu novos conhecimentos sobre comunicação, transmissão ao vivo, organização de roteiro, colaboração e organização de eventos *on-line*. Por outro, foi um espaço fundamental para todos que nos acompanharam, pois os webinários constituíram-se como espaços não formais de aprendizagem, com o propósito fundamental de reflexão sobre a prática no ensino remoto.

Desde o princípio, definimos que as transmissões ao vivo seriam denominadas webinários, ou seja, seminários com o intuito formativo, dos quais os interessados participavam via *chat*. Ao todo, foram realizados 27 webinários com diferentes temas relacionados à educação em tempos de pandemia, os quais somaram um total de 17.000 visualizações até o momento, o que resultou em mais de 1.400 inscritos no canal. Destacamos, no Quadro 3.1, os dados dos cinco vídeos mais assistidos no canal do ER no YouTube.

De modo a reconhecer os aprendizados proporcionados pelos webinários, fizemos a análise das cinco transmissões descritas no Quadro 3.1 como amostra do trabalho executado. Para tanto, utilizamos a metodologia de análise de conteúdo (MORAES, 1999). A análise de conteúdo, conforme Moraes (1999), pode ser realizada de acordo com o Quadro 3.2.

A partir dessas orientações, dividimos os cinco webinários analisados em dois eixos: 1) teórico-reflexivos e 2) práticos (soluções e estratégias). Em cada um dos referidos eixos, definimos categorias que nos auxiliaram a destacar o que foi mais relevante nesses espaços informais de aprendizagem.

QUADRO 3.1 Dados dos cincos webinários mais visualizados no canal do YouTube do ER

Título	Professores convidados	Visualizações*	Data da exibição	Duração	Link	Grupo de análise
Educação infantil: experiências durante a pandemia	Silvana Carvalho e Elessandra Ribeiro	1.878	28/09/20	1h52min	https://youtu.be/c0AVqScWpzU	Prático
O ensino de Língua Portuguesa: estratégias para aprendizagem *on-line*	Suelen Martins	1.508	17/06/20	1h10min	https://youtu.be/qov5ZIRixp0	Prático
"Entre a raiz e a flor tempo e espaço": docências hoje	Adriana Bruno (Unirio) e Diene Eire de Melo (UEL)	1.290	05/05/20	1h44min	https://youtu.be/v9ihEGlxVP8	Teórico--reflexivo
Repensando o ensino da Língua Portuguesa	Carla Coscarelli (UFMG) e Ana Elisa Novais	767	19/05/20	1h46min	https://youtu.be/nYSeDhLVYfY	Teórico--reflexivo
Ferramentas digitais e seus usos na educação	Ana Paula Cavalcanti e Aline Benet	672	21/04/20	1h30min	https://youtu.be/eb1k11K7_1U	Prático

QUADRO 3.2 Análise de conteúdo

Etapas da análise de conteúdo	Processo da análise	Opções do estudo em tela
1. Preparação das informações	Identificação e análise das amostras	Análise dos cinco vídeos mais visualizados no canal do ER no YouTube
2. Unitarização, ou transformação do conteúdo em unidades	Análise atenta dos dados para que sejam criadas unidades de análise	Criação de unidades de análise com as principais ideias levantadas durante os webinários
3. Categorização, ou classificação das unidades em categorias	Descrição dos eventos	Definição das unidades de análise
4. Descrição e interpretação	Definição das categorias	Definição das categorias por analogia, especificamente por critérios semânticos e lexicais

Fonte: Adaptado de Moraes (1999).

1. Teórico-reflexivos

Para os webinários teórico-reflexivos "'Entre a raiz e a flor tempo e espaço': docências hoje" e "Repensando o ensino da Língua Portuguesa", convidamos professoras-pesquisadoras de universidades públicas especialistas nas temáticas educação e tecnologias, educação *on-line* e letramento digital. As categorias emergidas na análise foram contexto, cultura digital, formação de professores, docência, soluções e estratégias e documentos oficiais.

No tocante ao contexto, foi compreendido que o cenário vivenciado em 2020 foi um tempo de transição, mudança, isolamento, revelação, desgoverno, descaso com as políticas sociais e enfrentamento à crise.

No que se refere à cultura digital, as convidadas nos deram indicações sobre alguns caminhos a seguir, dentro das potencialidades da cultura digital, como o compartilhamento, a criação de comunidades e a cultura das redes. Conforme nos alerta Adriana Bruno (WEBINAR..., [2020a], documento *on-line*):

> Nós somos sujeitos dessa cultura, nós produzimos essa cultura na medida em que eu me aproprio dessas tecnologias, eu crio demandas, eu transformo as linguagens, eu transformo as minhas relações. Portanto, eu transformo as docências, as formas de ensinar e criar vínculos, que é fundamental pra gente se relacionar com o outro.

Ao mesmo tempo, pensamos quais seriam as alternativas para o momento, no qual parte significativa dos brasileiros não tem acesso à internet ou está sujeita à baixa conectividade. Uma das opções seria realizar uma didática fundamentada no assíncrono, ou seja, que não exigisse do aluno estar ao vivo, simultaneamente com o professor e com os colegas em um mesmo ambiente, permitindo tempos de aprendizagens distintos.

Aqueles que têm acesso à internet e vivem a cultura digital experienciam o mundo estruturado de forma complexa, em que coabitam o ubíquo e o híbrido, "[...] o analógico e o digital, o real e o virtual, o humano e a máquina, o offline e o online [...]" (MOREIRA; RIGO, 2018, p. 107). Nesse sentido, Carla Coscarelli nos lembra que é necessário romper as definições de educação presencial e a distância: "Não devemos pensar educação a distância e a educação presencial, que é um contra o outro, um integra o outro. A nossa vida já é assim" (WEBINAR..., [2020b], documento *on-line*).

Algumas reflexões foram levantadas, a saber: como pensar o digital sem o computador? Como o professor pode realizar atividades utilizando o digital? Como usar os recursos educacionais abertos? Como incentivar os alunos a serem não somente consumidores, mas também produtores dessa cultura?

Para responder a essas questões, é primordial o investimento na formação de professores, a fim de proporcionar práticas inovadoras e, ao mesmo tempo, oferecer possibilidades para que o professor crie seu próprio modelo.

Essa formação é necessária para todos os níveis, conforme nos lembra Adriana Bruno: "[...] investimento em formação é fundamental. Tanto em formação para a educação básica, como formação para os professores universitários. A partir da formação, vamos criar atalhos e possibilidades para a educação do futuro" (WEBINAR..., [2020a], documento *on-line*). Apesar de toda dificuldade vivenciada durante os meses de pandemia, os professores foram incansáveis, e o trabalho desenvolvido foi fundamental para a continuação das atividades letivas. Duas grandes questões que podemos adicionar são: que educação queremos? E como vamos construí-la?

Dentre as demandas dos professores que nos assistiam, sem dúvida, estava a busca por soluções e estratégias para adaptar-se a este momento. Nos dois webinários em análise, as soluções apareceram de forma generalizada. Foram indicados possíveis caminhos, mas nenhum direcionamento prático. Alguns dos caminhos indicados foram elaborar espaços de trabalho em conjunto; fazer vídeos e *podcasts* e postar; propor que os alunos sejam produtores de conteúdo; criar canal no YouTube; enviar caixas pedagógicas às famílias; acolher alunos e professores; flexibilizar a carga horária; organizar o material e reconfigurar a didática; distribuir livros; realizar teleaulas ou educação via rádio (nas regiões onde não há conexão); distribuir celulares e acesso à internet para a população; propor ações de arte e cultura (p. ex., a Rede Instituições de Ações [RIA]); e transgredir, em especial, o Parecer CNE/CP nº 5 (BRASIL, 2020a), que obrigava às instituições escolares o cumprimento da carga horária mínima anual.

Apoiada em Paulo Freire e na ideia de constituir um inédito viável, Adriana Bruno (WEBINAR..., [2020a]) nos convida a ter coragem para nos colocarmos à frente do velho e, a partir do que parecia impossível, fazer o novo. A autora evidencia, portanto, a necessidade de refazer modos antigos – ainda praticados na educação – e constituir uma educação inovadora.

As soluções e as estratégias apareceram explicitamente a seguir, no eixo Práticos.

2. Práticos

Os três webinários que versaram sobre a utilização de ferramentas digitais foram, sem dúvida, os mais procurados pela audiência, já que dois deles estão entre os mais vistos: "Educação infantil: experiências durante a pandemia", "O ensino de Língua Portuguesa: estratégias para aprendizagem *on-line*" e "Ferramentas digitais e seus usos na educação".

Primeiro, em número de visualizações, o webinário "Educação infantil: experiências durante a pandemia" contou com a participação de duas profissionais da educação infantil: uma professora da rede pública e uma coordenadora do mesmo nível de ensino da rede privada. O segundo vídeo mais assistido em nosso canal do YouTube, "O ensino de Língua Portuguesa: estratégias para aprendizagem *on-line*", teve a participação de uma professora de português da rede privada, atuante no ensino fundamental e no médio. O terceiro debate que contemplou uma perspectiva prática foi o quinto mais visualizado em nosso canal. "Ferramentas digitais e seus usos na educação" contou com a participação de duas convidadas: uma *designer* instrucional e uma professora de educação a distância. Foram sugeridos diversos aplicativos e plataformas *on-line* e apresentadas suas potencialidades.

Para cada um desses webinários, foram levantadas unidades de análise, e, a partir delas, emergiram categorias que perpassaram os debates, como metodologias ativas, aplicativos/ferramentas digitais, sugestões de atividades e documentos oficiais.

No tocante às metodologias ativas, refletiu-se acerca de seu conceito e suas diversas possibilidades. De acordo com Aline Benet (FERRAMENTAS..., [2020], documento *on-line*), "[...] metodologias ativas é quando o aluno é produtor de sua própria aprendizagem". No webinário sobre o ensino de Língua Portuguesa, a convidada Suelen Martins destacou as diversas estratégias de ensino em uma concepção ativa, tais como sala de aula invertida, aprendizagem em pares, aprendizagem baseada em projetos interdisciplinares e aprendizagem baseada em problemas, e ainda sinalizou à audiência: "Acredito que hoje não poderemos mais deixar de falar em ensino híbrido" (O ENSINO..., [2020], documento *on-line*).

Indubitavelmente, a categoria aplicativos/ferramentas digitais foi a mais contemplada nos três webinários analisados nesta seção. O assunto tomou o turno da fala de todas as convidadas nos debates aqui descritos.

O termo "ferramentas digitais" foi cuidadosamente definido pela *designer* instrucional Aline Benet. Para a convidada, as ferramentas digitais são todos os *softwares*, recursos e aparatos utilizados para a produção de conteúdo na área educativa. Exemplos de aparatos podem ser celulares, computadores, *tablets* (as ferramentas concretas) articulados com *softwares*, plataformas e programas *on-line* que podemos utilizar para produzir conteúdo em educação (FERRAMENTAS..., [2020]). Aline Benet (FERRAMENTAS..., [2020]) ainda ressaltou que a ferramenta digital tem um papel mediador, pois serve como instrumento capaz de possibilitar ao aluno a visualização ou a produção de um conteúdo, promovendo interação e protagonismo na aprendizagem.

Benet (FERRAMENTAS..., [2020]) ponderou a necessidade de fazer algumas observações antes da escolha da ferramenta: o contexto da ação, o público-alvo (as características do aprendiz), o acesso às tecnologias e o objetivo da aprendizagem (qual o propósito pedagógico).

Todos os webinários que abordaram a prática "aplicativos/ferramentas digitais" foram abundantemente explorados, em conjunto com a categoria "sugestões de atividades". Para que a análise desta seção se torne mais ilustrativa e didática, descrevemos, no Quadro 3.3, a relação de aplicativos mencionados nos webinários e suas correspondentes sugestões de trabalho.

QUADRO 3.3 Relação de aplicativos/ferramentas digitais e as respectivas sugestões de atividades

Aplicativos/ferramentas digitais	Sugestões de atividades
Anchor	Produção de *podcasts* para desenvolver debates ou entrevistas sobre diversas temáticas.
Bitmoji	Uso para engajamento das famílias. Os *bitmojis* são utilizados nas devolutivas às famílias e também direcionados às crianças.
Blogger/Wordpress	Montagem de um *blog* sobre o que fazer na quarentena.
Canva	Infográfico para trabalhar a linguagem verbal e visual, quadrinhos, cartazes e postagens nas redes sociais.
Editor de vídeo do Windows 10/ Filmora/Vídeo Show	Edição de vídeos.

(Continua)

(Continuação)

Aplicativos/ferramentas digitais	Sugestões de atividades
Emaze	Recuperação de antigas apresentações, atribuindo a elas nova roupagem.
Genially	Gamificação, *quizzes* e apresentações.
Go Conqr	Produção de mapas mentais para a organização de conteúdos estudados. Ainda é possível criar *flashcards* e *quizzes*.
Google Drive/One Drive/Dropbox	Repositório dos vídeos e edição de textos de forma compartilhada.
Google Forms	Questionário para as famílias opinarem sobre a atividade proposta, além de avaliação formativa e pesquisa.
Iconic Labs	Produção de mapa de influências a partir de imagens que retomem o conteúdo trabalhado.
Kahoot	*Quiz* de revisão para a prova.
Loom	Uso para gravar vídeos com tela compartilhada, por exemplo, em contação de histórias ou socialização de experiências.
PDF	Disponibilização de comunicados e orientações nos aplicativos de mensagens em formato PDF. Relação do que vai ser utilizado nas aulas. Explicitação dos objetivos da BNCC. Acessibilidade por meio de fonte legível.
Piktochart	Infográficos, apresentações e postagens para redes sociais.
PowerPoint	Elaboração das orientações para os pais.
PowToon/Animater/Go Animater	Apresentação de trabalhos em seminário de pesquisa em forma de animação. Proposta de animação a partir da retextualização do livro *Malala*. Trabalho com contos e atividade de animação pelos estudantes.
Prezi	Apresentações compartilhadas e interativas.
Socrative	Avaliação.
Spotify/Deezer	Compartilhamento de canções compostas.
WhatsApp	Comunicação com a família e o aluno para interação e orientações de atividades.
YouTube	Contação de histórias e análise de curtas-metragens, abordando elementos da narrativa e argumentação.
Zoom	Encontros virtuais com as crianças.

Além das sugestões, as professoras convidadas dos webinários sobre práticas falaram sobre suas experiências com os aplicativos. A professora de português Suelen Martins advogou: "O Canva é o grande coringa para o professor de Língua Portuguesa" (O ENSINO..., [2020], documento *on-line*). Sobre o mesmo aplicativo, a professora Ana Cavalcanti atestou: "Para um estudante que acabou de estudar, produzir um infográfico é excelente para revisão. Serve também para expor, de forma aligeirada e didática, um conteúdo" (FERRAMENTAS..., [2020], documento *on-line*).

É importante ponderar, portanto, que, além do grupo ER, responsável direto pela viabilização dos debates, as professoras convidadas também ponderavam, constantemente, sobre a necessidade de considerar as orientações prescritas pela BNCC, muitas vezes mencionadas neste capítulo. Documentos oficiais também constituem uma categoria emergente da análise desses três webinários sobre a prática pedagógica no ensino remoto.

A temática foi incansavelmente abordada pela coordenadora de educação infantil Elessandra Ribeiro, que ressaltou as reflexões de sua prática durante o ensino remoto. Ribeiro explicitou sua preocupação em promover o uso das ferramentas digitais em consonância com a prescrição da BNCC e com o projeto político-pedagógico da instituição na qual trabalhava. A respeito do uso de telas pelas crianças pequenas da educação infantil durante o ensino remoto, refletiu:

> Uma contradição. A indicação é que, até os 2 anos, as crianças não tenham contato com as telas, como que agora, em tempos de pandemia, a gente precisa fazer o ensino, quase que 100%, por meio da tela? É um desafio muito grande, principalmente, com as crianças menores, de 0 a 3 anos. [...] Percebemos que os vídeos não eram suficientes porque faltava algo muito importante para nós. Faltava a interação, um eixo estruturante da BNCC. A gente mandava o vídeo, mas não havia troca. Começamos a perceber a necessidade de criar estratégias de interação. (EDUCAÇÃO..., [2020], documento *on-line*).

A mesma preocupação em estar alinhada com a BNCC durante o ensino remoto emergencial foi observada no discurso da professora Suelen Martins. Ao sugerir o trabalho com infográficos, utilizando-se de aplicativos como Canva, Piktochart e Genially, ela ponderou: "Quando falamos de infográfico, estamos falando de texto multimodal. E isso está previsto na BNCC" (O ENSINO..., [2020], documento *on-line*).

Depoimentos como esses – que superam fórmulas mágicas ou receitas – promovem debate e reflexão sobre a prática e divulgam boas experiências, sem perder de vista as orientações de documentos oficiais, como a BNCC e os pareceres do CNE, bem como a disseminação de informações necessárias em um contexto tão complexo como este que ainda vivemos.

É possível afirmar que a audiência foi coautora e produtora desses debates reflexivos e da análise da prática pedagógica em um ensino remoto de emergência. Os resultados de nossas ações foram perceptíveis nos comentários, *feedbacks* e sugestões deixados nos diversos espaços virtuais que construímos.

CONSIDERAÇÕES FINAIS

A pandemia da covid-19 trouxe muitos desafios para a educação e para todos os seus atores – professores, estudantes, coordenadores e familiares. Foi urgente adaptar o contexto educativo para que a educação não fosse interrompida e para que, ao mesmo tempo, nenhum estudante fosse deixado para trás. Nesse contexto, foram descortinados problemas recorrentes e foi evidenciada a necessidade da formação contínua dos professores. Simultaneamente, estes foram desafiados a adquirir novas competências tecnológicas e a realizar planos pedagógicos para suas aulas mediadas pelas tecnologias digitais.

Na reabertura das escolas, novas questões se colocam: as práticas até então realizadas devem ser mantidas? Quais foram os aprendizados deste período? Podemos tendenciar a construção de um caminho híbrido, de educação em todos os espaços, que misture o analógico e o digital?

Será preciso saber utilizar plataformas de aprendizagem *on-line*, planejar desenhos pedagógicos, realizar a curadoria de materiais, produzir materiais digitais, propor práticas ativas e ressignificar tempos e espaços de aprendizagem, ou seja, se constituir como um *designer* de aprendizagens que integrem práticas presenciais e *on-line* e metodologias ativas e que revejam os papéis dos professores e dos estudantes.

À sua maneira, o ER realizou, de forma espontânea e não formal, os propósitos da partilha, promovendo ações de natureza disruptiva. No porvir, o movimento fomentado pelo ER pode ser capaz de semear outras oportunidades de aprendizagem colaborativa na rede.

A partir da experiência relatada e da análise dos webinários, conseguimos visualizar algumas tendências para a educação no pós-pandemia. Acreditamos que o ensino híbrido será uma prática comum das escolas, bem como o uso de metodologias ativas como a sala de aula invertida (em que os estudantes se tornam protagonistas de sua aprendizagem e os professores são orientadores e não apenas transmissores de conhecimento). Apostamos que haverá uma considerável diminuição da resistência às tecnologias digitais de informação e comunicação (TDICs), tornando-se cada vez mais frequente o uso de vídeos, *podcasts*, infográficos, ferramentas web 2.0 e outros. Finalmente, consideramos urgentes o investimento e a valorização dos professores, sobretudo diante de um cenário no qual tiveram de se reinventar em uma complexa realidade.

Podemos afirmar que os resultados dos trabalhos desenvolvidos pelo grupo, de modo colaborativo e de forma disruptiva, contribuíram para a formação de professores de maneira não formal. Objetivamos constituir uma rede de apoio de professores e ocupar o espaço digital para compartilhar conhecimento e apresentar reflexões e soluções para este momento. Conforme vimos na análise dos webinários, conseguimos identificar várias sugestões para superarmos este momento e nos consolidarmos como uma comunidade de apoio para professores de diversos níveis de ensino. Enfrentamos juntos esse desafio na expectativa de contribuir para as educações possíveis.

REFERÊNCIAS

ARRUDA, E. P. Educação remota emergencial: elementos para políticas públicas na educação brasileira em tempos de Covid-19. *Em Rede:* Revista de Educação a Distância, v. 7, n. 1, p. 257–275, 2020. Disponível em: https://www.aunirede.org.br/revista/index.php/emrede/article/view/621/575. Acesso em: 2 mar. 2021.

BRASIL. Ministério da Educação. Conselho Nacional de Educação. *Parecer CNE/CP nº 5, de 28 de abril de 2020.* Reorganização do Calendário Escolar e da possibilidade de cômputo de atividades não presenciais para fins de cumprimento da carga horária mínima anual, em razão da Pandemia da COVID-19. Brasília, DF: Ministério da Educação: 2020a. Disponível em: https://abmes.org.br/arquivos/legislacoes/Parecer-cne-cp-005-2020-04-28.pdf. Acesso em: 2 mar. 2021.

BRASIL. Ministério da Saúde. *Portaria nº 356, de 11 de março de 2020.* Dispõe sobre a regulamentação e operacionalização do disposto na Lei nº 13.979, de 6 de fevereiro de 2020, que estabelece as medidas para enfrentamento da emergência de saúde pública de importância internacional decorrente do coronavírus (COVID-19). Brasília, DF: Ministério da Saúde, 2020b. Disponível em: http://www.planalto.gov.br/CCIVIL_03/Portaria/PRT/Portaria%20n%C2%BA%20356-20-MS.htm. Acesso em: 2 mar. 2021.

CAMPOS, F. A. C.; CAVALCANTI, A. P. C. Partilhando em rede: uma proposta de trocas de saberes em tempos de pandemia. *Revista Docência do Ensino Superior*, v. 10, p. 1–23, 2020. Disponível em: https://periodicos.ufmg.br/index.php/rdes/article/view/24876/20519. Acesso em: 2 mar. 2021.

DIAS-TRINDADE, S.; CORREIA, J. D.; HENRIQUES, S. Ensino remoto emergencial na educação brasileira e portuguesa: a perspectiva dos docentes. *Revista Tempos e Espaços em Educação*, v. 13, n. 32, 2020. Disponível em: https://seer.ufs.br/index.php/revtee/article/view/14426. Acesso em: 2 mar. 2021.

EDUCAÇÃO em rede. 2020. Disponível em: https://educacoesemrede.com/. Acesso em: 2 mar. 2021.

EDUCAÇÃO infantil: experiências durante a pandemia. [2020]. 1 vídeo (112 min). Publicado pelo canal Educações em Rede. Disponível em: https://youtu.be/c0AVqScWpzU. Acesso em: 20 jan. 2021.

FERRAMENTAS digitais e seus usos na educação. [2020]. 1 vídeo (90 min). Publicado pelo canal Educações em Rede. Disponível em: https://youtu.be/eb1k11K7_1U. Acesso em: 2 mar. 2021.

HARARI, Y. N. *21 lições para o século XXI*. Amadora: Elsinore, 2018.

HODGES, C. et al. The difference between emergency remote teaching and online learning. *Educause review*. 2020. Disponível em: https://er.educause.edu/articles/2020/3/the-difference-between-emergency-remote-teaching-and-online-learning. Acesso em: 5 mar. 2021.

LÉVY, P. *Cibercultura*. São Paulo: Editora 34, 1999.

MORAES, R. Análise de conteúdo. *Revista Educação*, v. 22, n. 37, p. 7–32, 1999.

MOREIRA, J. A. M.; HENRIQUES, S.; BARROS, D. Transitando de um ensino remotos emergencial para uma educação digital em rede, em tempo de pandemia. *Dialogia*, n. 34, p. 351–364, 2020. Disponível em: https://periodicos.uninove.br/dialogia/article/view/17123. Acesso em: 2 mar. 2021.

MOREIRA, J. A. M.: RIGO, R. M. Definindo ecossistema de aprendizagem digital em rede: percepção de professores envolvidos em processos de formação. *Debates em educação*, v. 10, n. 22, p. 107–120, 2018. Disponível em: https://www.seer.ufal.br/index.php/debateseducacao/article/view/5303/0. Acesso em: 2 mar. 2021.

O ENSINO de língua portuguesa: estratégias para aprendizagem on-line. [2020]. 1 vídeo (70 min). Publicado pelo canal Educações em Rede. Disponível em: https://youtu.be/qov5ZlRixp0. Acesso em: 2 mar. 2021.

SCHLEMMER, E. A aprendizagem por meio de comunidades virtuais na prática. In: LITTO, F. M.; FORMIGA, M. (org.). *Educação a distância*: o estado da arte. São Paulo: Pearson, 2012. v. 2, p. 265– 279.

SPILKER, M. J.; NASCIMENTO; L. Comunidades de aprendizagem emergentes: uma abordagem à educação disruptiva. In: SIMPÓSIO INTERNACIONAL DE INFORMÁTICA EDUCATIVA, 15., Viseu, 2013. *Anais* [...]. [S. l.: s. n.], 2013. Disponível em: https://repositorioaberto.uab.pt/bitstream/10400.2/3434/1/2013%20-%20SIIE%20-%20Artigo%20-%20EduDisruptiva%20-%20VeryFinalVersion.pdf. Acesso em: 2 mar. 2021.

TORTAMANO, C. *Pânico, falsa cura e aulas suspensas*: os efeitos da Gripe Espanhola no Brasil de 1918. 2020. Disponível em: https://aventurasnahistoria.uol.com.br/noticias/reportagem/panico-falsa-cura-e-aulas-suspensas-os-efeitos-da-gripe-espanhola-no-brasil-de-1918.phtml. Acesso em: 2 mar. 2021.

WEBINAR: "Entre a raiz e a flor tempo e espaço": docências hoje. [2020a]. 1 vídeo (104 min). Publicado pelo canal Educações em Rede. Disponível em: https://www.youtube.com/watch?v=-v9ihEGIxVP8. Acesso em: 2 mar. 2021.

WEBINAR: Repensando o ensino da língua portuguesa. [2020b]. 1 vídeo (106 min). Publicado pelo canal Educações em Rede. Disponível em: https://youtu.be/nYSeDhLVYfY. Acesso em: 2 mar. 2021.

Leitura recomendada

SILVA, B. D.; RIBEIRINHA, T. Cinco lições para a educação escolar no pós Covid-19. *Interfaces Científicas*, v. 10, n. 1, p. 194–210, 2020. Número temático: cenários escolares em tempo de COVID-19. Disponível em: https://periodicos.set.edu.br/educacao/article/view/9075/4138. Acesso em: 2 mar. 2021.

4

Ensinar no síncrono e no assíncrono

Daniela Melaré Vieira Barros

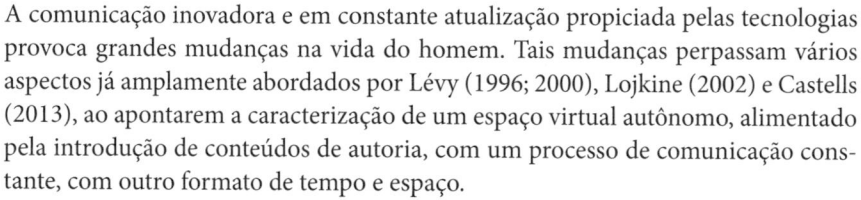

A comunicação inovadora e em constante atualização propiciada pelas tecnologias provoca grandes mudanças na vida do homem. Tais mudanças perpassam vários aspectos já amplamente abordados por Lévy (1996; 2000), Lojkine (2002) e Castells (2013), ao apontarem a caracterização de um espaço virtual autônomo, alimentado pela introdução de conteúdos de autoria, com um processo de comunicação constante, com outro formato de tempo e espaço.

Pode-se dizer que a sociedade da informação revoluciona o conceito de tempo e espaço, tendo em vista que as tecnologias permitem que pessoas de diferentes partes do mundo se conectem, produzindo e partilhando informações em diferentes formatos. Nesse novo cenário, novas terminologias relacionadas com a comunicação ganham espaço e passam a ser objeto de investigação, como a comunicação síncrona e assíncrona.

A comunicação síncrona e assíncrona surge do paradigma da virtualidade e suas características, constituída por tempo e espaços diferenciados, facilitando, assim, esses outros formatos de comunicação. A comunicação assíncrona ocorre de modo diferido, não sincronizado, não exigindo a presença simultânea dos participantes nem no espaço nem no tempo. Já a síncrona implica que os participantes se encontrem em um mesmo espaço (físico ou *on-line*) e em tempo real (MOREIRA; BARROS, 2020).

A comunicação é o principal elemento de sustentação dos processos de ensino e aprendizagem e direciona todas as orientações e os planejamentos didático-pedagógicos pretendidos. A comunicação oral e escrita sempre foi valorizada e considerada elemento único na história da educação, sendo sistematizada por meio da didática e dos princípios da metodologia de ensino (MELLO; BARROS, 2014). Na sequência, surgem as mídias (MCLUHAN, 1964; CASTELLS, 2013), que modificaram e ampliaram essas relações comunicativas, e, por último, os formatos que revolucionaram os processos de comunicação na educação – a sincronia e a assincronia –, repercutindo diretamente nos vários momentos dos processos educacionais.

Considerando os processos de evolução das formas de comunicação, compreendemos que a convergência do síncrono e do assíncrono na educação se compõe pela junção de múltiplas dimensões do planejamento educacional: o tempo e sua influência na educação, as tecnologias digitais, os materiais (textos, imagens, vídeos, jogos, fóruns, etc.), os espaços e os cenários (virtuais) e as relações pedagógicas, contempladas pelos aspectos de interação e engajamento/participação dos estudantes (BARROS; CAMPOS, 2019).

Na cultura da convergência, para Castells (2013) e Cervantes (2009), a interatividade e a participação são imprescindíveis, pois se entende não só como as mídias se integram, mas também a forma como as pessoas se relacionam com elas. A interatividade, conforme Silva (2010), ganha centralidade, na medida em que a mensagem sofre modificações de quem a manipula. A lógica é que o emissor constrói uma rede labiríntica de informações e o receptor consegue manipular a mensagem, tornando-se coautor.

Quando se faz referência ao síncrono e ao assíncrono, pensa-se em amplas possibilidades de ação, identificadas especificamente com o ser humano e suas características individuais de comunicação. Desafiador é pensar as diferenças de tempo e espaço caracterizadas pelo virtual e seus elementos de aprendizagem (BARROS, 2009; ESTILOS..., 2019). A compreensão desse espaço facilita a interpretação da comunicação mediante o síncrono e o assíncrono. A reflexão sobre esse tema ocorre exatamente na dificuldade de compreensão da dinâmica de comunicação para o processo de ensino e aprendizagem expressa por docentes, formadores e educadores em geral.

O momento que vivenciamos proporcionou positivamente um movimento disruptivo na docência com o uso das tecnologias digitais. De forma complexa, os usos se espalharam, e a busca por informação e aprendizagem na área aumentou de forma constante, demonstrando as principais dificuldades e angústias sobre como ensinar e aprender no virtual (CENÁRIOS..., 2020; ESTILOS..., 2020).

Este capítulo reúne, assim, a sistematização de diretrizes didáticas de comunicação síncrona e assíncrona para a aprendizagem. Tais diretrizes são estruturantes e originárias dos trabalhos sobre o uso das tecnologias no ensino realizados em diversos níveis educacionais. O que o leitor irá visualizar de diferente neste estudo é exatamente a explicação ampla e fundamentada dos formatos pedagógicos e de como ensinar no espaço virtual utilizando seus elementos, e, para além disso, a discussão da comunicação síncrona e assíncrona, viabilizando, assim, um planejamento educacional fundamentado na diversidade de formatos de comunicação.

As principais questões de reflexão propostas neste capítulo são: como ensinar utilizando a comunicação síncrona e assíncrona no digital? Quais as características desses formatos de comunicação? O entorno desse cenário é a situação de pandemia que estamos vivenciando, responsável por acelerar um processo emergencial de aulas *on-line*. Essa situação, denominada "ensino remoto", deixou transparecer a dificuldade e a falta de sensibilidade patentes na área da educação em relação ao uso das tecnologias para todos os níveis de ensino.

O capítulo tem como conceitos básicos os termos síncrono e assíncrono, cada um deles analisado aqui sob a perspectiva da comunicação educacional, com base em um estudo que foi desenvolvido a partir da colaboração entre investigações e investigadores, em uma perspectiva internacional, no contexto dos países de língua portuguesa.

O espaço dinâmico de discussão e análise sobre o síncrono e o assíncrono e sua importância na comunicação interativa com os estudantes no *on-line* ocorreu em cerca de 20 webinários realizados em diversas universidades brasileiras nos últimos meses. Tais eventos fomentaram a construção de um pensamento reflexivo a partir de uma realidade apresentada, com a exigência da resolução de um problema e sua aplicabilidade imediata. Dessa forma, as reflexões que serão desenvolvidas neste capítulo partem de uma construção colaborativa e dialógica.

O retorno do público nos webinários, com perguntas, comentários e reflexões, validou e justificou as assertivas que serão expostas a seguir. Esse grande espaço de discussão e análise gerou argumentos e resultados que serão expressos de forma resumida neste capítulo.

INDICAÇÕES METODOLÓGICAS DO ESTUDO APRESENTADO

A reflexão, que envolveu uma concretização na comunicação com intencionalidade pedagógica, teve como objetivo destacar informações de como tal intencionalidade deve ser sistematizada na prática, utilizando a comunicação síncrona e assíncrona para o ensino. A metodologia empregada foi a qualitativa, a partir de estudos empíricos e com construções fundamentadas que comprovaram as argumentações do trabalho.

O trabalho está fundamentado em conferências, debates, reflexões e estudos realizados no período de março a setembro de 2020. Esse período foi selecionado como marco da emergência do uso das tecnologias para a educação *on-line* devido às contingências provocadas pela situação pandêmica. Sua fundamentação teórica é fruto de reflexões e diálogos em comunidade alargada na área do ensino superior, com instituições interessadas em formar e oferecer aos seus docentes e estudantes orientações e caminhos para o trabalho em desenvolvimento da adaptação do ensino (MOREIRA; HENRIQUES; BARROS, 2020).

O levantamento das informações foi realizado a partir do arquivo pessoal da investigadora, com as produções em rede das comunidades, *blogs* e páginas especializadas de teóricos da área que se mantêm ativos por meio de interações e investigações em curso. Também foram utilizadas bases de dados na área da educação em língua portuguesa e língua espanhola. A análise do material foi organizada a partir de indicadores comuns apontados pelas instituições de ensino superior, pelos questionamentos realizados e debatidos durante os eventos e pelas participações em palestras, seminários ou conferências sobre o tema.

Os indicadores comuns identificados foram: estratégias de ensino e aprendizagem para o ensino remoto, comunicação *on-line*, ferramentas digitais, qualidade do ensino e da aprendizagem e transposição do presencial para o *on-line*. Aqui, somente apresentaremos as sínteses qualitativas das discussões e as propostas que subsidiam as práticas em desenvolvimento. Também tomamos em consideração os resultados dessas práticas, que estão em processo, na construção de estratégias para cursos *on-line* totalmente assíncronos.

Para a realização das reflexões aqui expostas, partimos da pergunta do momento e contexto que estamos vivenciando: como ensinar utilizando a comunicação síncrona e assíncrona no digital? O digital é, hoje, identificado e compreendido pelas redes, no seu movimento de atualização constante, colaboração contínua, partilha e divulgação, características essas diretamente relacionadas à aprendizagem dos indivíduos. Essa assertiva como eixo de análise possibilita a sistematização de diretrizes didáticas de comunicação síncrona e assíncrona para aprendizagem. Os resultados destacam características e elementos que facilitam a compreensão de como é possível construir uma prática pedagógica de ensino e aprendizagem com e no digital.

VIRTUALIZAÇÃO E TEMPORALIDADE PARA A CONSTRUÇÃO DA COMUNICAÇÃO SÍNCRONA E ASSÍNCRONA

Os estudos da psicologia sobre os elementos da inteligência e as pesquisas de informática sobre as potencialidades das tecnologias têm como características centrais para a educação a conexão entre a linguagem e a memória. Tais características estão subsidiadas pela temporalidade e suas informações, elementos essenciais para a educação no paradigma atual da sociedade da informação e do conhecimento. As formas de entender a temporalidade fazem parte do processo do planejamento educacional em vários aspectos.

Normalmente, a temporalidade é considerada um elemento técnico e quantificável na área da educação, sem ser entendida como um aspecto pedagógico em si. Segundo Fialho (2002), o tempo tem dois modos de individualização; dois modos de temporalidade muito diferentes. Cronos é o tempo do relógio, do calendário, do compromisso; o outro é o tempo do acontecimento em si, a linha flutuante que só conhece velocidades. Temos uma ideia linear dos conceitos de tempo e espaço.

Se, por um lado, tempo e espaço são modelos de fenomenologia no que diz respeito à percepção, por outro, são absolutos e racionais.

Hawking (2002, p. 31) define o tempo considerando a seguinte assertiva: "Quem adota uma posição positivista como abordagem teórica, não consegue dizer o que o tempo realmente é. Tudo que se pode fazer é descrever o que se revelou em ótimo modelo matemático para o tempo e dizer quais as suas previsões". O tempo para a educação baseia-se em diversas previsões: a do aprendiz, a do conhecimento e, atualmente, a das tecnologias. Tais previsões produzem novas formas de tempo, uma interface de movimento constante que potencializa e ressignifica o cronômetro que as sociedades humanas convencionaram.

O tempo hoje é interfaceado pelo virtual das tecnologias. Esse virtual significa força, potência; uma atualização do que está posto como real. Nas análises de Lévy (1996), a virtualização não é uma desrealização da transformação de uma realidade em um conjunto de possibilidades, mas sim uma mutação de identidade.

O virtual significa, segundo Lévy (1996, p. 15), "[...] palavra latina medieval *virtualis*, derivada por sua vez de *vitus*, força, potência [...]". O virtual tende a se atualizar, sem ter passado, no entanto, à concretização efetiva ou formal. A árvore está virtualmente presente na semente. Em termos rigorosamente filosóficos, o virtual não se opõe ao real, mas ao atual: "virtualmente" e "atualmente" são apenas duas maneiras de "ser" diferentes.

Os conceitos e os fundamentos que sustentam a virtualização apresentam elementos profundos que consistem em uma passagem do atual ao virtual, em uma "elevação à potência" da entidade considerada. A virtualização não é uma desrealização (a transformação de uma realidade em um conjunto de outras possíveis), mas uma mutação de identidade que ocorre por movimentos de comunicação entre essas realidades.

As características ressaltadas da temporalidade nos proporcionam pensar o papel do observador nesse espaço. Observar a realidade é o significado do tempo para as ideias e a abstração; transformar a realidade é a atitude em relação ao tempo. A explicação para a mudança dos processos de ensino e aprendizagem estrutura-se também a partir da virtualidade da temporalidade. Essa transformação direcionada à educação ocorre na ação pedagógica mediante o movimento da comunicação e os ajustes pedagógicos para que ele ocorra.

O síncrono e o assíncrono foram criados nessa perspectiva de integrar a virtualidade e a temporalidade em dois formatos de comunicação, concretizados nas estratégias pedagógicas utilizadas, facilitando, dessa forma, caminhos para o fazer pedagógico. A proposta de utilizar os elementos virtual e tempo nas estratégias de ensino e aprendizagem explica e concretiza a docência *on-line* em sua transposição das ações e atitudes da prática docente.

Para melhor ilustrar, resumimos com um exemplo a aplicação desses conceitos à prática:

> Pensar a prática docente no *on-line* a partir dos fundamentos de um planejamento pedagógico com a tecnologia a ser utilizada, não só no formato, mas nos conteúdos que essa mesma tecnologia pode proporcionar, agregando ao trabalho desenvolvido.

Também destacamos, nesse mesmo exemplo, o uso do tempo a favor do ensino e da aprendizagem; um tempo diferenciado, aliado do aprender. As estratégias que o utilizam podem ser amplas e personalizadas porque atendem às especificidades e aos "tempos" individuais, para assimilar a informação, processá-la e construir conhecimento com ela (BARROS; SANTOS; ROMERO, 2019). Finalizando o exemplo, reforçamos que a metodologia de ensino poderá oferecer exercícios e atividades para assimilar conteúdos, compreendê-los e aplicá-los de forma interdisciplinar e significativa.

O SÍNCRONO E O ASSÍNCRONO COMO REFERÊNCIA PARA O ENSINAR

Na definição e na caracterização de uma pedagogia conectada propostas por Wheeler (2019), encontramos elementos que facilitam a compreensão dos questionamentos sobre como se ensina e se aprende utilizando o digital. A comunicação no digital ocorre em dois formatos: o síncrono e o assíncrono. Essa divisão é muito significativa quando se trata de planejamento e organização pedagógica.

A comunicação síncrona e assíncrona é realizada por meio da interação entre docente-estudante; estudante-estudante; estudante-conteúdos e recursos. Essa comunicação também acontece em três formatos de mensagem: as mensagens coletivas, nas quais as informações são para todos os membros de um grupo restrito; as mensagens interpessoais, que são personalizadas e atendem às especificidades dos estudantes; e as mensagens em rede, que incluem coletivos abertos com especificidades (HRASTINSKI, 2008; OZTOK *et al.*, 2013).

Essas mensagens direcionadas trazem objetivos e intencionalidades pedagógicas definidas e concretas para cada situação. Dependendo dos conteúdos, as situações podem ser de orientação, dúvidas, explicações e esclarecimento de procedimentos teóricos ou práticos.

Essa comunicação, com a denominada intencionalidade pedagógica, está na orientação de aprendizagem que o docente proporciona aos estudantes. Essas orientações são diversificadas e devem contemplar, na sua elaboração, variações, estilos e formatos que possam ser assimilados por todos os estudantes.

A informação viabilizada pela comunicação é um dos elementos que caracterizam o virtual, mas a forma de processá-la é um elemento central para a aprendizagem. A informação pode ser disponibilizada em forma textual, em um portal ou como uma imagem; dessa maneira, a percepção deixa de ser linear, passando a ser diversificada, e assimila-se, ao mesmo tempo, a uma infinidade de formatos da informação. Já a interatividade que a informação virtual propicia influencia diretamente a interpretação de conteúdos, sons, imagens e estímulos que compõem o emocional de cada um no uso dos recursos multimídia.

No processo de assimilação, a mente explora o ambiente e toma parte dele, compreendendo o mundo exterior mediante um processo de percepção e interpretação, transformando-o e incorporando-o a sua própria estrutura. A mente possui esquemas de assimilação que se desenvolvem de acordo com o ambiente e seus estímulos (ALONSO; GALLEGO, 2000).

Os estímulos do virtual instigam no pensamento uma maneira diferente de assimilação, cujas características visíveis são mais rapidez na leitura e na visualização textual; maior capacidade de dar atenção a uma diversidade de opções ao mesmo tempo; percepção aguçada para a seleção de informações; uso da imagem como referencial; e visualização do texto como uma imagem.

A linguagem da comunicação é um dos elementos primordiais para processar a informação, produzindo-a e reproduzindo-a. O virtual também modificou a forma como essa linguagem está sendo processada e estruturada, pois passou a ser indutiva: uma mistura de palavras e códigos que se tornaram conhecidos e, hoje, são vistos como símbolos e algo fácil de ser utilizado e entendido.

A linguagem das tecnologias também passou a ter um espaço no contexto social, na criação tanto de terminologias como de formas de uso e atitudes dos indivíduos, tornando-se mais ampla e incluindo não somente as palavras de comunicação, mas as formas de uso de trabalho e de gerenciamento pessoal, mediante as facilidades da tecnologia. Essa cultura se expande cada vez mais e cria, no espaço social, formas de relacionamento e comunicação distintas.

A linguagem da *web* faz uma convergência de linguagens, símbolos, códigos e imagens que se tornaram elementos de aprendizagem indutiva pela lógica e pela experiência cotidiana. Dessa forma, a literacia de uso do digital (GILSTER, 1997) está além da linguagem e dos códigos: encontra-se na fluência de seu uso. Utilizar a internet é muito mais complexo para um analfabeto funcional cultural, que tem dificuldades em compreender os elementos que constituem a cultura, as experiências cotidianas de uso de tecnologias ou de linguagens e tendências. Já o analfabeto funcional tem experiência de vida e de linguagem cotidiana e, portanto, uma menor dificuldade em utilizar a internet (KERCKHOVE, 1997).

Para a melhor compreensão do síncrono e do assíncrono como referência de ensinar e aprender no *on-line*, a intencionalidade pedagógica – aqui compreendida como toda ação consciente do docente visando a uma ambientação para conduzir o aluno à aprendizagem, em que o espaço para que isso se realize é justamente o ambiente de aula, determinado aqui como "cenário pedagógico", ou o "lugar" onde as mediações se dão de maneira relacional (NEGRI, [2016]) – será sistematizada a partir dos elementos e características elaborados e descritos no Quadro 4.1.

QUADRO 4.1 Elementos e características do síncrono e do assíncrono para processos pedagógicos

Elementos e características para processos pedagógicos	Síncrono	Assíncrono
Forma	Aplicativos, *softwares* e ferramentas para comunicação em tempos combinados e em espaço estipulado.	Aplicativos, *softwares* e ferramentas para comunicação em tempos e espaço distintos.
Conteúdo	Comunicação direta, direcionamentos de acordo com colocações, dúvidas e questões em tempo real.	Comunicação indireta, planejada, direcionada e estruturada, com atividades e exercícios, prazos e recursos indicados.
Comunicação	Expositiva.	Orientativa.
Tempo	Tempo real.	Período alargado.
Estratégias pedagógicas	Dinâmicas e individuais.	Individuais, em grupos e em rede.

As reflexões a seguir integram esses elementos e características no âmbito da didática.

A didática do síncrono e do assíncrono

Como já mencionamos, um dos principais eixos de sustentação da didática em contexto é a comunicação e sua forma pedagógica de conduzir aos processos de ensino e aprendizagem (RIBAS, 2010). Essas formas de comunicação têm como ênfase relações de colaboração, busca e seleção da informação e a interação não só de pessoas, mas entre conteúdos e interfaces *on-line*.

A didática mediante a comunicação síncrona e assíncrona deve ser entendida a partir do planejamento e do formato da comunicação, dos tipos de interface, da dinâmica da aula e da estratégia utilizada para o momento de ensino e aprendizagem. A Figura 4.1 resume de forma clara quando utilizar cada uma das formas de comunicação.

QUANDO USAR APRENDIZAGEM SÍNCRONA

QUANDO USAR APRENDIZAGEM ASSÍNCRONA

Planeje suas aulas para que as atividades síncronas aproveitem ao máximo a natureza interativa da aprendizagem síncrona, complementando as atividades assíncronas

- Interaja com os estudantes
- Interação entre os estudantes em *breakout rooms*
- Demonstrações em vídeo, trabalho com problemas, etc.
- *Quizzes*, atribuições e aplicações
- Apresentações em grupo
- Horas de trabalho

- Palestras e *podcasts* com mais de 20 minutos
- Leituras
- Verificação com os estudantes para esclarecer dúvidas e equívocos
- Atividades focadas com interação em tempo real
- Problemas práticos, questões de discussão e outras atividades
- Grupos de trabalho analítico

Figura 4.1 Quando utilizar o síncrono e o assíncrono para a aprendizagem.
Fonte: Synchronous and Asynchronous Learning by Centre for Teaching and Learning, Concordia University CC BY-SA 4.0.

Para tanto, o Quadro 4.2 concretiza, de forma clara e com aplicabilidade, a sistematização dessa comunicação nos aspectos didáticos e práticos de construção.

QUADRO 4.2 Sistematização didática da comunicação assíncrona e síncrona

Escolha: comunicação assíncrona Utilizando plataformas de aprendizagem	Escolha: comunicação síncrona Utilizando ferramentas de videoconferência em tempo real
Professor Elaborar o planejamento da aula de acordo com o calendário letivo, considerando o tempo de trabalho com o docente e o tempo de trabalho do estudante separadamente. • Os conteúdos, objetivos e competências que o estudante deve desenvolver; • O material que foi selecionado e que será disponibilizado para o estudante (*links*, artigos, *sites*, material a ser enviado digitalmente, livros, etc.); • As atividades, os exercícios ou as tarefas que o estudante deverá realizar de acordo com os objetivos e as competências a serem adquiridos; • A partir das definições dos itens supramencionados, como será a forma de comunicação com o estudante (*e-mail*, mensagem na plataforma, fórum de comunicação)? Qual a frequência da minha comunicação como docente com o estudante? Como farei a comunicação pedagógica? Planeje a sua comunicação com o estudante.	**Professor** Elaborar o planejamento da aula de acordo com o calendário letivo, considerando o tempo de trabalho com o docente e o tempo de trabalho do estudante separadamente. • Os conteúdos, objetivos e competências que o estudante deve desenvolver; • O material que foi selecionado e que será disponibilizado para o estudante (*links*, artigos, *sites*, material a ser enviado digitalmente, livros, etc.); • As atividades, os exercícios ou as tarefas que o estudante deverá realizar de acordo com os objetivos e as competências a serem adquiridos; • A partir das definições dos itens supramencionados, como será a forma de comunicação com o estudante no momento síncrono: espaço para dúvidas iniciais, pontos a esclarecer, conceitos? Bases teóricas ou procedimentais do conteúdo a ser trabalhado? Aplicação contextualizada?

Aprendizagem digital 55

Exemplos de comunicação com intencionalidade pedagógica em momento assíncrono:

- Comunicação para informação: início do tema, alerta sobre os estudos a serem realizados.
- Comunicação de orientação: explicações conceituais e vídeos de conteúdos.
- Comunicação de envolvimento e motivação: alerta para os materiais a serem estudados, curiosidades sobre o tema, destaque de temáticas centrais do estudo, envio de materiais complementares.
- Comunicação de *feedback*: explicações sobre erros e pontos a melhorar em relação à aprendizagem do conteúdo a partir de avaliações de atividades, exercícios ou tarefas.

Exemplos de comunicação com intencionalidade pedagógica em momento síncrono:

- Comunicação para informação: início do tema, alerta sobre os estudos a serem realizados, informações de orientação para os estudos e calendário letivo.
- Comunicação de orientação: explicações conceituais, estruturais e fundamentais do conteúdo a ser trabalhado, com cuidado para não tomar todo o tempo do momento síncrono e não ultrapassar mais que 1 hora. Espaço para perguntas, dúvidas e esclarecimentos.
- Comunicação de envolvimento e motivação: alerta para os materiais a serem estudados, curiosidades sobre o tema, destaque de temáticas centrais do estudo, envio de materiais complementares.
- Comunicação de *feedback*: explicações sobre erros e pontos a melhorar em relação à aprendizagem do conteúdo a partir de avaliações de atividades, exercícios ou tarefas

Os tipos de atividades a serem introduzidas nos formatos síncronos e assíncronos devem contemplar a diversidade nas tipologias apresentadas, como atividades, exercícios e tarefas; a flexibilidade para o estudante, na forma de realização e entrega das atividades; diferentes tecnologias para a realização; estilos diferentes de atividades que contemplem as diversas formas de aprender, oferecendo opções de atividades aos estudantes, prevenindo e evitando, dessa forma, qualquer barreira de aprendizagem que possa vir a ocorrer (BARROS, 2020). O tema das atividades, seus formatos e sua elaboração são tópicos extensos, cuja explicação não conseguiremos esgotar aqui. O Quadro 4.3 apresenta algumas atividades peculiares das aprendizagens síncrona e assíncrona para que o leitor possa explorar mais o assunto e refletir sobre as práticas pedagógicas possíveis.

QUADRO 4.3 Sugestões para elaborar atividades síncronas e assíncronas

Atividades de aprendizagem síncronas	Atividades de aprendizagem assíncronas
• Construir comunicação e relacionamentos • Liderar sessões de modelagem interativas • Dar instruções diferenciadas para pequenos grupos • Dar instrução personalizada e fornecer treinamento • Guiar práticas e aplicações • Facilitar comunicação em tempo real • Fomentar a colaboração dos estudantes • Dar *feedback* em tempo real para trabalhos em desenvolvimento	• Ler e fazer anotações • Assistir a instruções baseadas de vídeo • Ouvir *podcasts* • Explorar recursos com a curadoria do professor • Participar de discussões *on-line* • Praticar e revisar • Pesquisar e explorar • Refletir e registrar a aprendizagem

Para a realização das reflexões apresentadas neste capítulo, partimos de uma pergunta intrínseca ao momento e ao contexto que estamos vivenciando: como ensinar utilizando a comunicação síncrona e assíncrona no digital? Não queríamos nos aprofundar em metodologias ou abordagens específicas com denominações inovadoras, mas sim fundamentar o trabalho docente no *on-line* a partir de um elemento simples e pouco desenvolvido sobre as práticas da docência em ambiente virtual: a comunicação síncrona e assíncrona.

O que o leitor pode observar é que a arte de ensinar sistematizada na didática e nos referenciais da pedagogia tem como base os processos de comunicação, em especial a comunicação no ensino *on-line*, que, como foi possível perceber, é muito diferente da comunicação do fazer docente presencial.

O digital, hoje identificado e compreendido pelas redes, no seu movimento de atualização constante, colaboração contínua, partilha e divulgação, características diretamente relacionadas à aprendizagem dos indivíduos, é um campo muito grande de estudos para se apropriar das linguagens e estratégias da comunicação assíncrona e síncrona e impulsionar o desenvolvimento das competências nos estudantes em diferentes espaços e situações de aprendizagem.

Os resultados das reflexões e investigações aqui disponibilizados destacam características e elementos que facilitam entender como é possível construir uma prática pedagógica de ensino e aprendizagem com e no digital. Nesse sentido, incentivo o leitor a aprofundar este estudo aplicando-o diretamente na sua prática como docente, formador, mediador, entre outros. Todo trabalho que passe por formações que incluam o *on-line* deve ter essa consciência dos formatos de comunicação e de sua intencionalidade pedagógica, que podem e devem ser planejados.

O estudo sistematizou, portanto, algumas diretrizes didáticas de comunicações síncrona e assíncrona para aprendizagem.

CONSIDERAÇÕES FINAIS

A principal dificuldade para transformar os contextos de ensino com a incorporação das tecnologias diversificadas de informação e comunicação parece ser o fato de que a comunicação não é entendida como recurso didático e, em especial, como elemento decisivo no planejamento e nas estratégias de ensino e aprendizagem. É necessário incorporar a ideia da comunicação como elemento didático e, em especial, pensá-la como tal, contribuindo, assim, para um trabalho de qualidade na aprendizagem do estudante.

A reflexão que envolveu uma concretização na comunicação com intencionalidade pedagógica destacou informações de como essa intencionalidade deve ser sistematizada na prática. Os elementos que constituem a comunicação síncrona e assíncrona para o ensino foram expostos de forma reflexiva e empírica a partir de inovações e reflexões da experiência e a adaptação das teorias em contatos em rede, disruptivos e emergenciais.

Assim, faz-se necessária a atenção docente aos formatos de comunicação em todo e qualquer planejamento de ensino que inclua elementos dos cenários *on-line*, um planejamento que considere e valorize momentos síncronos e assíncronos nas estratégias e na organização de recursos e materiais.

REFERÊNCIAS

ALONSO, C. M.; GALLEGO, D. J. *Aprendizaje y ordenador*. Madrid: Dykinson, 2000.

BARROS, D. M. V. Didática e estilos de uso do virtual para a educação a distância. *Revista Diálogo Educacional*, v. 20, n. 64, p. 123–142, 2020. Disponível em: https://periodicos.pucpr.br/index.php/dialogoeducacional/article/view/26164/24114. Acesso em: 6 fev. 2021.

BARROS, D. M. V. Estilos de uso do espaço virtual: como se aprende e se ensina no virtual. *Inter-Ação*, v. 34, n. 1, p. 51–74, 2009.

BARROS, D. M. V.; CAMPOS, A. C. F. Visões sobre a convergência na educação em diferentes perspectivas: novas percepções e tendências. *Em Teia:* Revista de Educação Matemática e Tecnológica Iberoamericana, v. 10, n. 1, 2019.

BARROS, D. M. V.; SANTOS, V. M.; ROMERO, C. S. Estratégias para o trabalho colaborativo: revisitando o uso de fóruns on-line na educação a distância. *Revista Diálogo Educacional*, v. 19, n. 60, p. 221-245, 2019.

CASTELLS, M. *O poder da comunicação*. Lisboa: Fundação Calouste Gulbenkian, 2013.

CENÁRIOS para a educação online: tendências e perspectivas pós covid 19. 2020. 1 vídeo (92 min). Publicado pelo canal tvfclar. Live transmitida ao vivo no dia 18/06/2020, da qual participaram as Profas. Dras. Maria Teresa Micelli Kerbauy (FCLAr) e Daniela Melaré Vieira Barros (Universidade Aberta, Portugal). Disponível em: https://www.youtube.com/watch?v=48eaY9q7IO8. Acesso em: 7 fev. 2021.

CENTRE FOR TEACHING AND LEARNING. *Synchronous and Asynchronous Learning*. Quebec: Concordia University, c2021. Disponível em: https://www.concordia.ca/ctl/digital-teaching/synchronous-asynchronous.html

CERVANTES, L. M. M. Tendiendo puentes digitales: reflexiones desde la convergencia. *Signo y Pensamiento*, v. 28, n. 54, p. 57-67, 2009.

ESTILOS de uso do virtual: incluir e personalizar. 2019. 1 vídeo (20 min). Publicado pelo canal Cpides Unesp. Palestra apresentada durante o VII Simpósio de Educação Inclusiva e Adaptações e o V Simpósio Internacional de Educação a Distância. Disponível em: https://www.youtube.com/watch?v=7U4MGIMIfCA. Acesso em: 7 fev. 2021.

ESTILOS de uso do virtual em ambientes online: cenários de investigação na educação superior. 2020. 1 vídeo (107 min). Publicado pelo canal PPGEDU_UPF Educação - Faed. Conferência realizada durante o V Ciclo de Conferências do Programa de Pós-graduação em Educação da Universidade de Passo Fundo. Disponível em: https://www.youtube.com/watch?v=CydS3-vkymM. Acesso em: 7 fev. 2021.

FIALHO, F. A. P. Escola do futuro. *@prender Virtual*, ano 2, n. 7, p. 32-37, 2002.

GILSTER, P. *Digital literacy*. Londres: Wiley, 1997.

HAWKING, S. *O universo numa casca de noz*. 4. ed. São Paulo: ARX, 2002.

HRASTINSKI, S. Asynchronous and synchronous e-learning. *Educause Quarterly*, v. 31, n. 4, p. 51-55, 2008. Disponível em: https://er.educause.edu/-/media/files/article-downloads/eqm0848.pdf. Acesso em: 6 fev. 2021.

KERCKHOVE, D. *A pele da cultura*. Lisboa: Relógio d'Agua, 1997.

LÉVY, P. *A inteligência coletiva:* por uma antropologia do ciberespaço. 3. ed. São Paulo: Loyola, 2000.

LÉVY, P. *O que é o virtual?* São Paulo: 34, 1996.

LOJKINE, J. *A revolução informacional*. 3. ed. São Paulo: Cortez, 2002.

MCLUHAN, M. *Os meios de comunicação como extensões do homem (understanding media)*. São Paulo: Cultrix, 1964.

MELLO, D. E.; BARROS, D. M. V. *Didática do online*. 2014. Disponível em: https://repositorioaberto.uab.pt/bitstream/10400.2/6709/1/Dida%CC%81tica%20do%20online.pdf. Acesso em: 7 fev. 2021.

MOREIRA, D.; BARROS, D. *Orientações práticas para a comunicação síncrona e assíncrona em contextos educativos digitais.* Lisboa: Universidade Aberta, 2020. Disponível em: https://repositorioaberto.uab.pt/bitstream/10400.2/9661/1/Moreira%20%26%20Barros%20%282020%29%20Sincrono%26assincrono.pdf. Acesso em: 6 fev. 2021.

MOREIRA, J. A. M.; HENRIQUES, S.; BARROS, D. Transitando de um ensino remoto emergencial para uma educação digital em rede, em tempos de pandemia. *Dialogia*, n. 34, p. 351–364, 2020. Disponível: https://periodicos.uninove.br/dialogia/article/view/17123/8228. Acesso em: 6 fev. 2021.

NEGRI, P. S. A intencionalidade pedagógica como estratégia de ensino mediada pelo uso das tecnologias em sala de aula. [2016]. Disponível: https://www.labted.net/single-post/2016/05/30/artigo-a-intencionalidade-pedag%C3%B3gica-como-estrat%-C3%A9gia-de-ensino-mediada-pelo-uso-das-tecno#:~:text=comunicacao%40uel.br-,ARTIGO%3A%20A%20INTENCIONALIDADE%20PEDAG%C3%93GICA%20COMO%20ESTRAT%C3%89GIA%20DE%20ENSINO,PELO%20USO%20DAS%20TECNOLOGIAS%20EM&text=Agir%20com%20Intencionalidade%20Pedag%C3%B3gica%20%C3%A9,principalmente%2C%20na%20postura%20do%20professor. Acesso em: 6 fev. 2021.

OZTOK, M. *et al.* Exploring asynchronous and synchronous tool use in online courses. *Computers & Education*, v. 60, n. 1, p. 87–94, 2013.

RIBAS, I. C. Paulo Freire e a EaD: uma relação próxima e possível. *In:* CONGRESSO INTERNACIONAL ABED DE EDUCAÇÃO A DISTÂNCIA, 16., 2010, Foz do Iguaçu. *Anais* [...]. São Paulo: ABED, 2010. Disponível em: http://www.abed.org.br/congresso2010/cd/3042010090204.pdf. Acesso em: 6 fev. 2021.

SILVA, M. Educar na cibercultura: desafios à formação de professores para a docência de cursos online. *Revista Digital de Tecnologias Cognitivas*, n. 3, p. 36–51, 2010.

TUCKER, C. *Asynchronous vs. synchronous:* how to design for each type of learning. 2020. Disponível em: https://catlintucker.com/2020/08/asynchronous-vs-synchronous/. Acesso em: 7 fev. 2021.

WHEELER, S. *Connected pedagogy:* learning and teaching in the digital age. Budapest: European Distance and E-Learning Network, 2019. Apresentação realizada durante o EDEN 2019 Annual Conference em Bruges. Disponível em: https://www.eden-online.org/resources/keynotes/. Acesso em: 7 fev. 2021.

Leituras recomendadas

FACULTY FOCUS. *Synchronous and asynchronous learning tools:* 15 strategies for engaging online students using real-time chat, threaded discussions and blogs. Madison: Magna, [2009]. Disponível em: https://www.tnstate.edu/business/fac-resources/Synchronous-and-Asynchronous-Learning.pdf0.pdf. Acesso em: 6 fev. 2021.

HAWKING, S. *Uma breve história do tempo:* do big bang aos buracos negros. 30. ed. Rio de Janeiro: Rocco, 2000.

HOUZEL, S. H. *O cérebro nosso de cada dia:* descobertas da neurociência sobre a vida cotidiana. Rio de Janeiro: Vicent & Lent, 2002.

5
Curadoria: elemento importante na construção de projetos educacionais inovadores

Aline Tavares
Katia Ethiénne Esteves dos Santos
Max Ribeiro
Stephan Duailibi Younes
Thais Cristine Andreetti

Durante muito tempo, acadêmicos como os autores deste relato pesquisaram, observaram, discutiram e questionaram a respeito da importância das tecnologias nos ambientes educativos presenciais e virtuais. Assim, nesta reflexão, traremos percepções, experiências e expectativas referentes ao tema e seus desdobramentos.

Por muito tempo, as tecnologias foram consideradas importantes e de muito valor para que a aprendizagem ocorresse de forma significativa e trouxesse transformações reais nas comunidades escolares, revelando a efetividade na educação. O que se percebe, no entanto, é que essa efetividade não era real em grande parte dos ambientes educativos em diferentes níveis.

Figura 5.1 Ambientes educativos, percepções, experiências e expectativas geram aprendizagem.
Fonte: Elaborada por Max Ribeiro (2020).

O mundo se transformou com um desenho incrível, infelizmente impulsionado de forma derradeira, com um grau gigantesco de desafios e a necessidade de resiliência e resolução de problemas complexos. Dois mil e vinte, o primeiro ano de nossas vidas modificadas pela existência de uma pandemia mundial criada pelo novo coronavírus – a covid-19.

As tecnologias na educação foram muito questionadas neste momento da Revolução 4.0 (também conhecida como quarta revolução industrial e Indústria 4.0), que exige a formação de profissionais capazes de viver em um mundo em constante mudança e complexo, demanda resiliência, ética, empatia e capacidade de resolver problemas.

As transformações digitais têm nas inovações a força que está moldando o mundo do trabalho, as relações sociais, questões políticas, ambientais e econômicas, gerando um impulso cada vez maior e reinventando a forma como vivemos.

Figura 5.2 Formação de profissionais capazes de viver em um mundo em constante mudança.
Fonte: Elaborada por Max Ribeiro (2020).

A quarta revolução industrial, caracterizada pelas tecnologias que ampliam as possibilidades da inteligência artificial, da robótica, da internet das coisas (em inglês, *internet of things* [IoT]), das realidades aumentada e imersiva, da impressão 3D, da nanotecnologia e da biotecnologia, tem gerado um processo que transforma a maneira como se vive, trabalha e as pessoas se relacionam.

Em uma visão mais ampla, a possibilidade de a sociedade ser impulsionada para uma transposição 5.0, com a convergência entre as tecnologias, poderia melhorar a qualidade de vida das pessoas. Esse desafio seria uma forma de usar os incrementos da Indústria 4.0, unindo modernidade à sociedade, gerando produtos e serviços capazes de oferecer benefícios às pessoas.

A construção de um mundo diferenciado, que valorize a economia circular e compartilhada, o consumo consciente e a sustentabilidade, precisa ser levada em consideração na estruturação de uma oportunidade de qualidade de vida tanto familiar como no mundo do trabalho.

Estamos vivendo, em pleno século XXI, o maior desafio da educação, em um mundo no qual as estruturas estão cada vez mais baseadas em dados, automação, inteligência artificial, redes de comunicação, relações virtuais, *mobiles* e suas possibilidades, além de oferecer possibilidades de acesso a *podcasts*, realidade virtual, vídeos imersivos, *games*, webconferências, *e-books* interativos, entre outros, em uma perspectiva de transformação cada vez mais presente.

Figura 5.3 O novo normal: ambientes virtuais, webconferências, *e-books* e mais.
Fonte: Elaborada por Max Ribeiro (2020).

A educação digital cresce a cada dia na perspectiva de as pessoas estarem envolvidas por tecnologias em muitos espaços e tempos que transformam nossa forma de viver e ampliam as possibilidades de crescimento pessoal em todos os sentidos, o que muitas vezes é "injusto", pois aqueles sem acesso acabam sendo excluídos de forma significativa dessas oportunidades.

Figura 5.4 As peças da educação digital.
Fonte: Elaborada por Max Ribeiro (2020).

Nessa perspectiva da educação digital, pensar na Educação 5.0 pode ser um passo interessante de valorização dos conhecimentos digitais e tecnológicos, alicerçados pelas competências socioemocionais e pelas habilidades para o século XXI, também conhecidas como *soft skills*, que tendem a estruturar um novo ser, capaz de utilizar as tecnologias de forma saudável e produtiva, criando soluções relevantes para sua vida e os diferentes contextos existentes.

Em um processo de desenvolvimento da Educação 5.0, sob uma nova perspectiva referente aos impactos da tecnologia em como se aprende na cibercultura, verifica-se a importância da neurociência. Amplia-se essa importância quando se estuda a educação digital em rede, com a flexibilidade que a caracteriza, em cursos *on-line*, disciplinas virtuais, plataformas de *e-learning* ou qualquer novo modelo criado que seja estruturado de forma disruptiva, aumentando a confluência entre professores e estudantes.

A educação tem o desafio de oferecer oportunidades de aprendizagem diferenciadas relacionadas a cinco elementos:

1. Inteligência intrapessoal: autoconhecimento, gestão das emoções, medos, mudança de hábitos.
2. Inteligência interpessoal: conexão com os demais, empatia, boa liderança.
3. Inteligência criativa: resolução de problemas complexos, novas práticas, mudanças efetivas de comportamento.

4. Inteligência interartificial: boa relação com as tecnologias, busca de conhecimento, entendimento e aproveitamento das potencialidades das inovações tecnológicas.
5. Inteligência para aprender o tempo todo e em todos os lugares: preponderância da concepção do *on-life*.

Figura 5.5 Oportunidades de aprendizagem e inteligência para aprender o tempo todo.
Fonte: Elaborada por Max Ribeiro (2020).

O documento *The Onlife Manifesto* (FLORIDI, 2015), estudo resultante do projeto organizado pelo pesquisador europeu Floridi e sua equipe que buscou verificar a possibilidade de não existir mais a diferenciação entre o *off-line* e o *on-line*, concluiu que, como citam Moreira e Schlemmer (2020, p. 25),

> [As tecnologias digitais e] as redes de comunicação não podem ser encaradas como meras ferramentas, instrumento, recurso, apoio, mas forças ambientais que, cada vez mais, afetam a nossa autoconcepção (quem somos), as nossas interações (como socializamos), como ensinamos e como aprendemos, enfim, a nossa concepção de realidade e as nossas interações com a realidade. [...] provocando o enfraquecimento da distinção entre realidade e virtualidade; o enfraquecimento da distinção entre humano, máquina e natureza; [...] e a passagem da primazia das propriedades, individualidades e relações binárias para a primazia das conectividades, processos e redes.

Nesse cenário da educação digital, as propostas 100% a distância e híbridas se tornam cada vez mais fundamentais para o desenvolvimento de competências técnicas e socioemocionais em diferentes níveis. A Pontifícia Universidade Católica do Paraná (PUCPR), inserida no universo de construção de cursos na modalidade de educação a distância (EAD) sob uma perspectiva inovadora, tem se estruturado cada vez mais para atender às necessidades educacionais deste século.

A curadoria de conteúdo passa a ser uma oportunidade para apoiar este momento complexo no qual o mundo está envolvido, apoiando a educação digital, que não foca mais somente no conteúdo em si, mas em como os temas são ensinados e como acontece a experiência do estudante, chancelando a qualidade do que é ofertado.

Figura 5.6 Curadoria em qualidade.
Fonte: Elaborada por Max Ribeiro (2020).

Na busca por uma execução de qualidade dos cursos e no desenvolvimento de disciplinas, a escolha pelo apoio da curadoria de conteúdo tornou-se relevante para a proposta de cursos estruturados por competência da PUCPR, que envolvem o conteúdo e atividades complementares que apoiam o desenvolvimento de cada um dos elementos de competência por meio dos resultados de aprendizagem.

Entende-se que a curadoria de conteúdo para cursos de graduação passa a ser um dos caminhos para este momento de enfrentamento aos desafios referentes ao processo de ensinar e de aprender, e, no modelo EAD estruturado na PUCPR, fica cada vez mais evidente a relevância de uma boa seleção de materiais que possibilitem diferentes oportunidades de aprendizagem e que possam apoiar o processo permanente de aprender e reaprender ao longo da vida.

Sabe-se que o acesso à internet disponibiliza uma quantidade de informações inimaginável em segundos, mas que as pessoas devem identificar o que realmente precisam, o que é real, de qualidade, científico, empírico. Dessa forma, quando se fala de curadoria de conteúdo, pode-se considerar o que foi constituído na academia, nos ambientes coletivos, por professores, estudantes, ou uma equipe multidisciplinar especializada.

Na experiência da curadoria de conteúdo, percebe-se uma forma de superar o desafio de conhecimentos relevantes atendendo à estruturação de um curso, à curiosidade do usuário, à formação de saberes ou à construção de uma disciplina.

A seleção de conteúdos relevantes e sua organização de forma estruturada apoia os usuários na localização dos temas nos momentos importantes das trilhas de aprendizagem a serem seguidas, possibilitando que sigam o caminho de forma personalizada.

Figura 5.7 Trilha de aprendizagem: conteúdo de relevância e prática.
Fonte: Elaborada por Max Ribeiro (2020).

A oferta de conteúdos organizados em uma proposta de uma disciplina possibilita o desenvolvimento da autonomia, pois, apesar de a seleção de conteúdos já estar feita, o estudante pode optar pela ordem dos recursos sobre os quais quer estudar, tendo a possibilidade de escolher se prefere iniciar pela leitura, pelo desafio, pelas dicas, pelo vídeo ou por outra ferramenta de estudo.

As pessoas precisam desenvolver competências para extrair sentido da informação, perceber a diferença entre o que é importante e o que não é e, acima de tudo, combinar os muitos fragmentos de informação em um amplo quadro de mundo.

Neste relato de experiência, apresentaremos também o processo de formação e atuação da *startup* de educação da PUCPR e do Grupo A, chamada Slash Education. Apresentaremos e descreveremos o conceito e falaremos sobre as motivações e o modelo, bem como daremos um exemplo detalhado da trilha de *soft skills* chamada "Eu, não robô". Não obstante, trataremos dos principais desafios em curso e de alguns resultados obtidos até aqui.

Esses dois temas estão neste mesmo relato porque se complementam e aprofundam as questões referentes a curadoria de conteúdo, objetos de aprendizagem e materiais que possam ampliar os espaços de conhecimento para os estudantes.

OS PROCESSOS DE CURADORIA NA PUCPR ONLINE

Para entender como a curadoria de conteúdo está estabelecida na PUCPR Online, é preciso primeiro ressaltar que ela é composta por uma equipe multidisciplinar. Desde a concepção de um curso até a produção final de cada disciplina, conta-se com uma equipe de profissionais de diversas áreas do conhecimento que contribuem com as várias etapas de desenvolvimento.

De maneira geral, a equipe multidisciplinar da PUCPR Online participa do planejamento, do desenvolvimento, da implementação e da avaliação de projetos de cursos nas modalidades a distância, incluindo cursos 100% *on-line* e semipresenciais, utilizando-se de metodologias e recursos tecnológicos que visam contribuir para os processos de ensino e aprendizagem em cursos de graduação, especialização e extensão.

Essa equipe também faz a gestão dos objetos de aprendizagem que constituem as disciplinas, realizando, de forma efetiva, um processo diferenciado que garante a organização, a qualidade e a melhor experiência dos usuários, tanto professores quanto estudantes.

Atualmente, a equipe multidisciplinar trabalha com 29 cursos de graduação modulares, que se desdobram em cerca de 615 disciplinas, as quais podem ou não ser comuns entre os cursos.

No processo de desenvolvimento, os membros da equipe organizam conteúdos didático-pedagógicos com base no planejamento realizado pelo professor-autor, garantindo a qualidade e a sustentabilidade do projeto.

A equipe apoia a escolha de recursos didáticos e define estratégias de abordagem ou metodologias mais adequadas de ensino-aprendizagem na construção das diferentes disciplinas. Além disso, seleciona técnicas, métodos e recursos que podem ser utilizados durante o processo de aprendizagem e os apresenta aos envolvidos no projeto, para que haja a escolha de acordo com as características específicas dos cursos, ou mesmo das disciplinas.

Integrando essa equipe multidisciplinar, temos a curadoria de objetos de aprendizagem, que foi implantada recentemente como um setor da PUCPR Online e tem um papel importante na análise dos materiais didáticos. Surgiu da necessidade de avaliação, controle e gestão das unidades de aprendizagem utilizadas nos cursos EAD e semipresenciais e, com pouco mais de um ano, ampliou sua atuação e passou a validar outros materiais de diversas fontes.

Segundo Abbott (2008), a curadoria de recursos digitais garante a sustentabilidade dos dados. Além disso, a autora destaca que a curadoria facilita alguns processos, como melhora da qualidade dos dados e checagem de autenticidade, aumentando, assim, a confiança sobre as informações, preserva e protege os dados em relação à obsolência e encoraja a reutilização de materiais. É um processo "[...] intrinsecamente relacionado com a capacidade de seleção de um recurso educacional de qualidade para ser utilizado de maneira apropriada a um contexto educacional específico" (CENTRO DE INOVAÇÃO PARA A EDUCAÇÃO BRASILEIRA, 2017, p. 6).

Dentro das atribuições do curador, destacamos o que foi citado pelo CENTRO DE INOVAÇÃO PARA A EDUCAÇÃO BRASILEIRA (2017, p. 6):

> [...] avaliar, organizar, administrar e comparar os conteúdos e funcionalidades dos recursos educacionais digitais de maneira que eles possam ser utilizados e compartilhados dentro das comunidades que possuem interesse nos mesmos.

Sobre as tarefas realizadas pelo curador, Corrêa e Bertocchi (2012, p. 29) destacam que, de maneira geral, elas "[...] referem-se sobremaneira às atividades de seleção, organização e apresentação de algo a partir de algum critério inerente ao indivíduo curador".

Portanto, a curadoria de conteúdo da PUCPR Online faz a análise e a gestão de materiais didáticos que serão ofertados aos estudantes com base em alguns critérios de qualidade estruturados a partir do Instrumento de Revisão de Objeto de Aprendizagem (em inglês, *Learning Object Review Instrument* [LORI]), de Leacock e Nesbit (2007).

Partindo dessas propostas norteadoras e das necessidades da instituição, definiu-se pontos-chave e, assim, foi estabelecido um *checklist* a ser aplicado na análise dos conteúdos.

Esse *checklist* apresenta critérios de **reusabilidade, *design* e usabilidade, motivação, padrão institucional, marca** e **credibilidade**, além de **aspectos jurídicos**. Para um processo eficaz de análise, é apresentado por meio de perguntas.

A **reusabilidade** consiste em avaliar a potencialidade de uso do material em outros contextos. É considerado se o material apresentado pode ter, por exemplo, uso em outros cursos e se a linguagem é neutra, possibilitando sua adaptação para outros contextos. Além disso, é examinado se o material apresenta conhecimentos que não necessitam de uma atualização histórica. Lembrando que, na PUCPR Online, o conteúdo das disciplinas é atualizado e tem um tempo específico de uso, sendo que o curador, dentro desse prazo, deve verificar se esse conteúdo se mantém atual para o estudante.

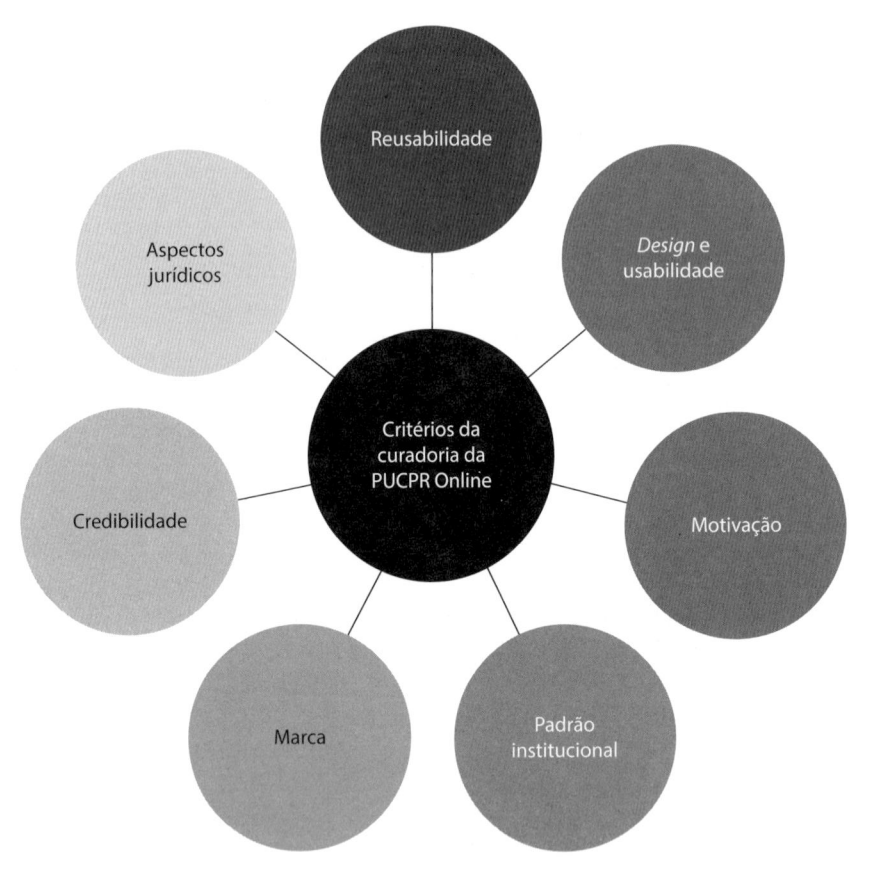

Figura 5.8 Pilares da análise de conteúdo da PUCPR Online.

Em *design* e **usabilidade**, o material é medido a partir da qualidade na exposição de todos os itens, ou seja, se a legibilidade (cor, fonte, alinhamento e entrelinhas) está em conformidade e se há um padrão gráfico no conteúdo.

Já em **motivação**, é apreciado se o material tem os requisitos para reter a atenção. O curador questiona, nessa etapa, se o esforço do estudante o levará a um desempenho desejável, se as metas propostas podem ser atingidas e se o desempenho do estudante é recompensado com a obtenção do conhecimento.

A análise do **padrão institucional** é uma peculiaridade da PUCPR como universidade que possui um selo da Pontifícia, um título recebido por algumas universidades católicas romanas, permeando um estreito vínculo com a Igreja Católica. Além disso, a PUCPR faz parte do campo de atuação do Grupo Marista, uma das unidades administrativas do Instituto Marista, idealizado por Marcelino Champagnat, na França.

O Grupo Marista, por meio de suas atuações, promove a vivência e a disseminação de valores humanos, cristão e maristas de busca por um mundo melhor, mais humano e solidário. Esses valores e vínculos precisam estar presentes nos materiais didáticos, e o curador, em suas atribuições, analisa e fomenta essa harmonia. Aproveitando a análise do padrão institucional, também é avaliado o material e se está em harmonia com a divulgação da **marca** da PUCPR e o Grupo Marista.

Nos **aspectos jurídicos**, a principal indagação é sobre os direitos autorais, que são normas estabelecidas pela legislação para proteger o criador e suas criações, consolidadas na Lei 9.610, de 19 de fevereiro de 1998. Os materiais didáticos da PUCPR, além de se apoiarem na criação do professor-autor, que tem seus direitos respeitados, também dispõem de conteúdos de outros autores, conferindo qualidade à produção. Sendo assim, a instituição preza para que esse conteúdo seja utilizado obedecendo a legislação e respeitando os direitos sobre as obras de terceiros.

E, para finalizar esses questionamentos e análises presentes no *checklist*, temos a mensuração da **credibilidade** das fontes aplicadas no material. A credibilidade é importante, pois confere confiabilidade ao conteúdo e garante que as informações apresentadas sejam justas, precisas e completas.

Esse *checklist* está em constante atualização e já foi aplicado em cerca de 1.184 unidades de aprendizagem, bem como em outros materiais externos utilizados nas disciplinas.

Contidas nos materiais didáticos, temos as atividades avaliativas, que podem ser tanto atividades práticas quanto questões. A qualidade das atividades avaliativas é importante para o processo de produção e garante a comprovação da qualidade do ensino. Há um esforço para que o conteúdo prepare o estudante e para que a avaliação afira adequadamente sua aprendizagem. Tal processo ocorre desde a elaboração das questões e das propostas avaliativas pelo professor-autor até todas as etapas de análise feitas pela equipe multidisciplinar, inclusive a curadoria.

No projeto da PUCPR, a proposta é que as questões sigam o padrão do Exame Nacional de Desempenho dos Estudantes (Enade). A curadoria tem a responsabilidade de manter as questões das atividades avaliativas de acordo com esse padrão, bem como de assegurar outras normas da própria PUCPR Online. Para isso, utiliza-se de diversos critérios.

O padrão **Enade** é empregado porque esse é o exame por meio do qual o Ministério da Educação (MEC) avalia a qualidade dos cursos universitários. Sendo assim, ao se deparar com uma avaliação nesse formato, o estudante já se prepara para a avaliação nacional, além de ter a oportunidade de demonstrar que adquiriu os conhecimentos necessários para o exercício de sua profissão, pois a avaliação qualifica habilidades e competências, não apenas memorização de conteúdo.

A curadoria, a fim de aprimorar o processo de desenvolvimento de questões pelos professores-autores, desenvolveu um manual de questões que estabelece, de acordo com os padrões da instituição, como estas podem ser elaboradas. Com pouco mais de um ano de existência, a curadoria já avaliou cerca de 7 mil questões, o que revela a importância da equipe para a qualidade dos cursos.

Os desafios da curadoria

Em pouco mais de um ano em que foi proposto, planejado, efetivado e implementado, o setor de curadoria passou por alguns desafios, principalmente em sua fase de implementação. Nessa etapa, a equipe multidisciplinar passou por treinamentos para se adequar às políticas e aos valores da empresa, aprofundou-se em metodologias de aprendizagem ativa e por competência, entre outros processos próprios da Universidade.

Além disso, passou por estruturações da PUCPR Online, com novos desenhos de fluxos e de processos, cronogramas, documentação da área, entre outros, para só depois, efetivamente, inteirar-se e realizar as atividades pensadas e aprovadas para a atuação. Nesse meio tempo, a atividade de análise de materiais estava ocorrendo, mesmo com a estruturação sendo elaborada e aprovada em paralelo.

Atualmente o setor passa por mais sistematizações e rotas de aprendizagem, principalmente devido à mudança brusca do processo de trabalho ocasionada pela pandemia. Essas mudanças levaram a equipe para o *home office*, e as atividades têm sido realizadas a distância.

Apesar de tudo, a equipe multidisciplinar tem se mostrado muito adaptada a essa nova tendência, sendo que a produtividade não apresentou queda, e vários projetos novos foram propostos e finalizados durante esse período. A equipe se comunica com efetividade por meio de reuniões *on-line*, e toda a documentação necessária é acessada remotamente.

Outro desafio para a curadoria é a internalização e a aplicação dos valores da Universidade e do Grupo Marista. Esses valores são muito respeitados dentro da instituição e devem ser refletidos no modo de trabalho de seus colaboradores e no respeito com seus estudantes. Portanto, os materiais didáticos também reproduzem esse pensar, que visa uma transformação da sociedade em um mundo melhor por meio de oito valores: espírito de família, presença significativa, solidariedade, amor ao trabalho, simplicidade, espiritualidade, sustentabilidade e interculturalidade.

Essa análise é feita por meio do **padrão institucional**, já citado neste capítulo. A equipe multidisciplinar da curadoria foi a mais indicada para garantir, de forma efetiva, que esses pontos sejam relevantes em suas análises. A equipe participou de vários treinamentos, palestras e reuniões de orientação com os parceiros e a equipe interna para que toda a produção de disciplinas estivesse comprometida com essas perspectivas.

Outros desafios estão vindo pela frente, como projetos de melhoria das atividades avaliativas, que visa que as questões, tanto dissertativas quanto objetivas, desafiem mais o estudante. A elaboração confrontará mais os professores-autores a pensar em formas de avaliar os estudantes por meio de situações aplicadas a cenários reais da profissão.

Essa busca pela qualidade das atividades avaliativas é mais um projeto que desafiará a equipe da curadoria, que irá se deparar com várias questões e tratá-las como se fosse um estudante em seu dia de avaliação. Também faz parte do projeto ministrar cursos para professores-autores interessados em ampliar seus conhecimentos e aprimorar seus processos de avaliação.

SLASH, UM MODELO DIFERENCIADO

O conceito

Para alguns, *slash* é aquela barra da internet utilizada pelos *sites*. Para outros, o guitarrista do Guns N' Roses. Para milhares de pessoas que até se apresentam assim, é sinônimo de múltiplas habilidades adquiridas ao longo da vida.

Para nós, da Slash Education, o termo representa a expressão do conceito de aprendizado ao longo da vida e traduz o sentimento de uma quantidade cada vez maior de aprendizes convictos em busca de novas habilidades durante suas trajetórias pessoais e profissionais, chamados por alguns autores de *slash generation*.

Além de marcada por mudanças de comportamento no âmbito pessoal, a *slash generation* também se caracteriza pelas mudanças no âmbito profissional, como afirmam Almeida e Eugenio (2011, p. 13-14) em seu artigo sobre a inserção profissional de jovens:

> Entre as pessoas com quem conversamos, o procedimento *slash* e o "virar" diversas vezes figuram como solução contingente para tornar viável uma atividade profissional. É contundente o caso de Gabriela, endocrinologista/poeta/música/DJ, que cultiva todas as atividades em simultâneo como profissões, nenhuma delas ocupando mero lugar de *hobby*, e cada uma retroalimentando as outras, seja com recursos financeiros, seja com ideias para resolver de forma singular problemas e impasses. Gabriela adquire, assim, no exercício de suas habilidades em conjunto, uma via muito própria pela qual constrói localmente sua autonomia.

Dessa forma, observando fatores endógenos e exógenos, a *startup* surge como alternativa complementar e sinérgica à atuação educacional previamente exercida pelas organizações que nela investem. Nasce com a ideia de implementar inovações significativas e potentes nos processos de ensino e aprendizagem e na experiência oferecida aos estudantes.

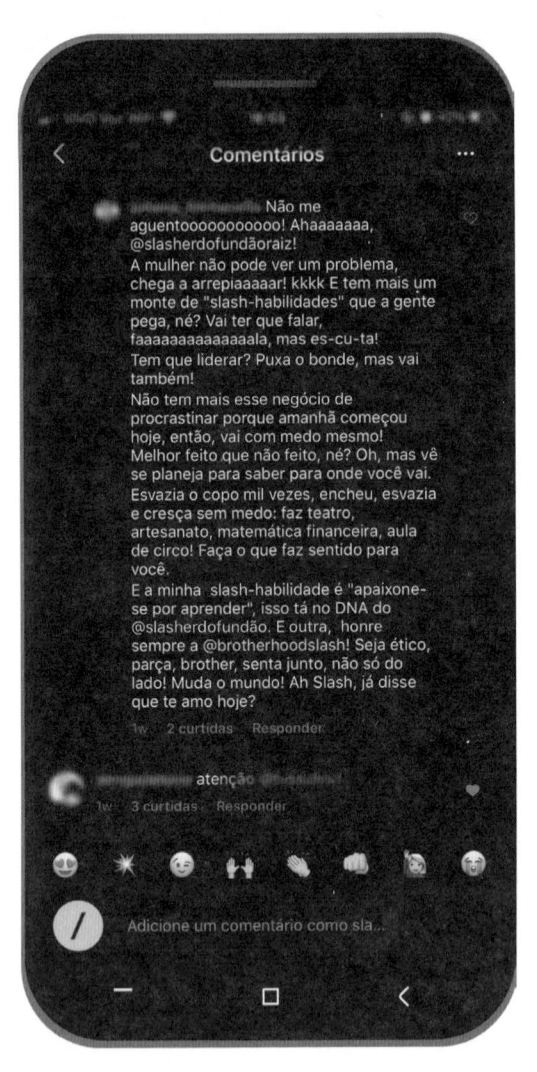

Figura 5.9 Comentários.

Um novo modelo

A Slash nasceu de uma *squad*, três *sprints*, um time multidisciplinar e um desejo da Universidade de ofertar experiências educacionais em outros formatos, além dos que já estavam disponíveis em seu portfólio de serviços. Surgiu a partir da percepção de que, para que essa oferta fosse bem-sucedida, algumas condições estruturais eram fundamentais.

Fazia-se necessária uma estrutura organizacional leve e intensiva no uso de tecnologia, rápida na tomada de decisão e na capacidade de adaptação. Um modelo organizacional para experimentar novas metodologias e formatos especialmente adequados para este momento em que tantas variáveis, internas e externas, estão transformando o ensino superior brasileiro. Ries (2012, p. 4), em seu livro *A startup enxuta*, observa que:

> Essa abordagem se desenvolve sobre diversas ideias prévias de administração e desenvolvimento de produto, incluindo a manufatura enxuta, o *design thinking*, o desenvolvimento de clientes e o desenvolvimento ágil. Representa uma nova abordagem para criar e inovação contínua. Eu a denominei *startup* enxuta.

Magaldi e Salibi Neto (2018), no livro *Gestão do amanhã*, argumentam na mesma direção, apresentando a ideia de motor 1 e motor 2. Os autores também defendem que criar *startups* para desenvolver inovações dentro de grandes organizações e em indústrias que ainda apresentam muitas oportunidades de transformação pode ser uma maneira efetiva de promover os avanços necessários (MAGALDI; SALIBI NETO, 2018).

Eu, não robô: uma trilha de humanidade aumentada

A ideia de ofertar uma disciplina de *soft skills* na graduação da PUCPR começou a tomar forma no segundo semestre de 2019, a partir de uma provocação feita pela Pró-reitoria de Graduação, com um olhar atento da Universidade para as mudanças em curso na educação mundial e brasileira.

O projeto teve início com a disciplina de criatividade e resolução de problemas complexos e propôs uma trilha que perdurasse por cinco semestres e passasse pelas dez habilidades apontadas pelo Fórum Econômico Mundial (WORLD ECONOMIC FORUM, 2016), como as habilidades do futuro do trabalho ou as habilidades do século XXI.

Inicialmente, foi proposto um piloto de duas turmas para 80 alunos. Partindo de uma disciplina eletiva de 40 horas de duração em um modelo híbrido, o projeto foi estruturado com algumas características diferenciadas, citadas a seguir, que entendemos como de grande valia para os leitores deste capítulo.

Figura 5.10 Baralho de nanoatitudes usado na disciplina Inteligência Criativa para Resolução de Problemas Complexos.
Fonte: Slash Education©.

A proposta Slash é composta por:

- Metodologia Slash: *hard + soft + superior skills + hands on*.
- Professores da própria PUCPR, selecionados e treinados pela Slash.
- Aprendizado em formato de *playlist* – curadoria de conteúdo.
- *Design* de conteúdos e experiências emocionantes.
- *Community manager*.
- Medição de NPS aula a aula.[1]
- Aulas em circuito.
- Gamificação.

---

[1] *Net promoter score* (NPS) é uma métrica que tem como objetivo medir a satisfação e a lealdade dos clientes. Criado em 2003 pela Bain & Company, é muito usado por instituições de ensino em todo o mundo para simplificar o processo de mensuração da satisfação e da lealdade dos alunos, indicando a probabilidade de um estudante recomendar a instituição.

Com NPS de 93% no final do semestre e depoimentos positivos dos estudantes, o piloto de uma disciplina deu origem ao que hoje é uma trilha de desenvolvimento de *soft skills* que alcança estudantes de mais de 30 cursos diferentes na Universidade, cuja evolução pode ser acompanhada no Quadro 5.1, a seguir.

QUADRO 5.1 Evolução do projeto

1º semestre	1 disciplina	2 professores	1 *campus*	75 alunos
2º semestre	2 disciplinas	4 professores	1 *campus*	150 alunos
3º semestre	3 disciplinas	15 professores	4 *campi*	1.053 alunos

Faz-se importante destacar também que muitos desafios foram, e ainda são, encontrados. Dentre os principais, podemos citar os que apresentamos no Quadro 5.2, a seguir.

QUADRO 5.2 Desafios do projeto

Transformação digital	Aqui encontramos desafios na postura dos alunos, que inicialmente reproduziam comportamentos presenciais no ambiente *on-line*, e na adoção das ferramentas por parte do professorado, além de um desafio de *design* de experiências emocionantes em ambiente virtual.
Atendimentos humanizados e "solucionamento"	Com o aumento do número de turmas e alunos, vem o desafio de não perder a capacidade de escuta ativa, de melhorias ao longo do processo e de resolução rápida e efetiva dos problemas quando eles surgem.
Soft só no nome	As *human skills*, ou habilidades humanas, como temos preferido chamar, suscitam diariamente a reflexão: como desenhar experiências que permitam grande carga prática, proporcionando o desenvolvimento das habilidades desejadas?
TX – *teacher experience*	Além de pensar na experiência dos estudantes, é preciso encantar os professores. O desafio, aqui, é apresentar o fio condutor do curso, as aulas, os exemplos, as ferramentas, as avaliações, etc., de uma forma que evidencie que a proposta não engessa a atividade docente, o que seria um grande empecilho ao engajamento.
NPS aula a aula	Aqui o desafio inicial é demonstrar a ideia de melhoria contínua em tempo real, caracterizando uma trajetória de aprendizagem construída a muitas mãos, por professores e estudantes. A avaliação não tem a pretensão de ser a única ou a melhor forma de avaliar o trabalho docente, mas sim a de funcionar como uma tomada de pulso do que está acontecendo e uma chance de, por meio de uma relação de confiança estabelecida com os estudantes, ir apresentando novas oportunidades de aprendizagem significativa.

CONSIDERAÇÕES NUNCA FINAIS...

A experiência dos autores e do nosso ilustrador está pautada na melhoria constante da educação por meio da formação continuada, da pesquisa e da mudança de *mindset*. O objetivo deste relato é que mais pessoas possam se inspirar para buscar a mudança constante de forma estruturada, com fundamentação teórica, com um olhar para o futuro, com pesquisa e muito comprometimento.

Entendemos que o papel da curadoria é cada vez mais relevante, não importando o modelo de disciplina ou curso. A curadoria está pautada na premissa de oferecer materiais de qualidade que apresentem embasamento científico e que proporcionem conhecimentos mais elaborados.

A criatividade, o pensamento crítico e o respeito aos direitos autorais são fundamentais para que equipes multidisciplinares possam criar ambientes que se tornem comunidades de aprendizagem estruturadas, inovadoras e, ao mesmo tempo, éticas.

A gestão dos objetos de aprendizagem e a proposta da Slash revelam a sinergia da PUCPR na busca por uma gestão consciente, inovadora e transformadora.

Por fim, este relato não pretende esgotar o tema, nem suavizar os desafios e os percalços inerentes às práticas de inovação, mas sim expor dois casos concretos de processos e cursos em uma grande e prestigiada universidade brasileira, revelando que é fundamental estar conectado com as mudanças, as inovações e os valores institucionais para que o *design* da aprendizagem seja ativo e para que a gestão de conteúdos transforme a experiência dos estudantes e dos professores no ensino superior.

REFERÊNCIAS

ABBOTT, D. *What is digital curation?* [Edinburgh]: Digital Curation Centre, 2008. Briefing paper. Disponível em: https://www.dcc.ac.uk/guidance/briefing-papers/introduction-curation/what-digital-curation . Acesso em: 15 fev. 2021.

ALMEIDA, M. I. M.; EUGENIO, F. Autonomias táticas: criatividade, liberação e inserção profissional juvenil no Rio de Janeiro. *Política e Trabalho: Revista de Ciências Sociais*, n. 35, p. 11–28, 2011.

BRASIL. Lei nº 9.610, de 19 de fevereiro de 1998. Altera, atualiza e consolida a legislação sobre direitos autorais e dá outras providências. Brasília, DF: Presidência da República, [2020]. Disponível em: http://www.planalto.gov.br/ccivil_03/leis/l9610.htm#:~:text=LEI%20N%C2%BA%209.610%2C%20DE%2019%20DE%20FEVEREIRO%20DE%201998.&text=Altera%2C%20atualiza%20e%20consolida%20a,autorais%20e%20d%C3%A1%20outras%20provid%C3%AAncias.&text=Art.,Art.. Acesso em: 15 fev. 2021.

CENTRO DE INOVAÇÃO PARA A EDUCAÇÃO BRASILEIRA. *Modelos de curadoria de recursos educacionais digitais*. [São Paulo]: CIEB, 2017. Disponível em: https://cieb.net.br/wp-content/uploads/2019/04/CIEB-Estudos-5-Modelos-de-curadoria-de-recursos-educacionais-digitais-31-10-17.pdf. Acesso em: 15 fev. 2021.

CÔRREA, E. S.; BERTOCCHI, D. O algoritmo curador: o papel do comunicador num cenário de curadoria algorítmica de informação. *In*: CORRÊA, E. N. S. *[curadoria digital] e o campo da comunicação*. São Paulo: ECA/USP, 2012. p. 23–37. Disponível em: http://www3.eca.usp.br/sites/default/files/form/biblioteca/acervo/producao-academica/002994584.pdf. Acesso em: 15 fev. 2021.

FLORIDI, L. (ed.) *The onlife manifesto*: being human in a hyperconnected era. New York: Springer, 2015. Disponível em: https://link.springer.com/content/pdf/10.1007%2F978-3-319-04093-6.pdf. Acesso em: 15 fev. 2021.

GRUPO MARISTA. *Sobre nós*. c2019. Disponível em: https://grupomarista.org.br/sobre-o-grupo-marista/#sections. Acesso em: 15 fev. 2021.

LEACOCK, T. L.; NESBIT, J. C. A framework for evaluating the quality of multimedia learning resources. *Educational Technology & Society*, v. 10, n. 2, p. 44–59, 2007. Disponível em: http://www.sfu.ca/~jcnesbit/articles/LeacockNesbit2007.pdf. Acesso em: 15 fev. 2021.

MAGALDI, S.; SALIBI NETO, J. *Gestão do amanhã*: tudo o que você precisa saber sobre gestão, inovação e liderança para vencer na 4ª revolução industrial. São Paulo: Gente, 2018.

MOREIRA, J. A.; SCHLEMMER, E. Por um novo conceito e paradigma de educação digital onlife. *Revista UFG*, v. 20, 2020. Disponível em: https://www.revistas.ufg.br/revistaufg/article/view/63438/36079. Acesso em: 15 fev. 2021.

RIES, E. *A startup enxuta:* como os empreendedores atuais utilizam a inovação contínua para criar empresas extremamente bem-sucedidas. Rio de Janeiro: LeYa, 2012.

WORLD ECONOMIC FORUM. *The future of jobs*: employment, skills and workforce strategy for the fourth industrial revolution. [*S. l.*]: WEF, 2016. Global Challenge Insight Report. Disponível em: http://www3.weforum.org/docs/WEF_Future_of_Jobs.pdf. Acesso em: 15 fev. 2021.

Leitura recomendada

SAYÃO, L. F.; SALES, L. F. Curadoria digital: um novo patamar para preservação de dados digitais de pesquisa. *Informação & Sociedade:* Estudos, v. 22, n. 3, p. 179–191, 2012. Disponível em: https://periodicos.ufpb.br/ojs/index.php/ies/article/view/12224/8586. Acesso em: 15 fev. 2021.

6

Competências digitais docentes para curadoria de conteúdo

Marcos Andrei Ota
Sara Dias-Trindade

As transformações globais relacionadas às mudanças digitais que estão ocorrendo no mundo impactam diversos setores, dentre eles o da educação. Diante disso, atualmente, há um esforço de contribuições literárias e pesquisas com foco em motivação para novos modelos de aprendizagem, competências e habilidades a fim de tornar o ensino mais eficaz e a pedagogia adequada para permitir essas capacidades.

Aliados às novas tecnologias, diferentes meios de ensino e aprendizagem originam novas demandas, possibilitando o crescimento dos espaços híbridos de educação. Isso leva a novas exigências de uma assimilação de teoria e prática, abrindo um leque de cenários para que o aluno desenvolva suas competências – um leque cujo movimento culminará em ventos movidos pela interação alimentada pelo despertar das competências. Afinal, "[...] ensinar não é transferir conhecimento, mas criar as possibilidades para sua própria produção ou a sua construção" (FREIRE, 2001, p. 47).

Esse pano de fundo no cenário educacional teve suas demandas aceleradas em virtude do contexto de pandemia que isolou o mundo, transformando o ensino remoto em emergência, em algo indispensável, e, por consequência, acelerando o despertar para as competências digitais, principalmente pela necessidade de realização de procedimentos de curadoria para adaptar as aulas.

Diante disso, tem-se como objetivo, neste capítulo, discutir a relevância das competências digitais para impulsionar estratégias pedagógicas que permitam aos docentes criar experiências de aprendizagem em diferentes espaços (*on-line*, presencial, híbrido), considerando momentos síncronos e assíncronos. Afinal, ao refletir sobre o nível de proficiência digital, os docentes, amparados por referenciais como o Quadro Europeu de Competência Digital para Educadores (em inglês, *European Framework for the Digital Competence of Educators* [DigCompEdu]) e o Conhecimento Tecnológico Pedagógico do Conteúdo (em inglês, *Technological Pedagogical Content Knowledge* [TPACK]), poderão realizar uma melhor curadoria de conteúdo. Para tanto, inicialmente, discutiremos sobre competências digitais docentes, haja vista as novas tecnologias e o papel do professor diante dos desafios de ensinar em um contexto pós-pandemia e de compreender a questão de se desenvolver para uma proficiência digital como elemento-chave para oportunizar experiências de ensino em diferentes espaços de aprendizagem, trazendo à tona a aceleração de novos modelos de ensino, com lições aprendidas com o ensino remoto, e compreendendo, principalmente, o papel das competências digitais docentes no apoio à curadoria de conteúdo, tema deste capítulo.

Em consequência, apresentaremos aspectos da curadoria de conteúdo, com dicas de aplicativos, a fim de trazer possibilidades de recursos que permitem categorizar e criar caixas de ferramentas com opção de reaproveitamento dessa curadoria com base nas competências digitais. Posteriormente, será promovida uma discussão sobre a importância de planejar as ações e saber o ponto de chegada pretendido, com um convite a Biggs e Tang (2011) para propor a intersecção entre o alinhamento construtivo e as competências digitais para a curadoria de conteúdo.

E, então, diante dos aspectos apresentados e discutidos, serão compartilhadas as considerações finais, com vistas a resgatar os principais pontos discutidos ao longo do capítulo, para, desse modo, atingir o objetivo já apresentado anteriormente e trazer à tona a conscientização sobre professores com um perfil de *lifelong learner*, sabedores do seu papel protagonista e transformador em um ambiente de aprendizagem significativa.

COMPETÊNCIAS DIGITAIS DOCENTES

Para tratar sobre competências digitais docentes, é importante superar a ideia de que os espaços escolares são restritos apenas aos ambientes físicos. Assim, as aprendizagens necessárias e possíveis perpassam os muros da escola e podem se desenvolver nos mais variados espaços, inclusive nos virtuais. Rigo e Vitória (2015) definem os espaços de aprendizagem como aqueles que oportunizam o conhecimento culturalmente, não se limitando aos locais formais e físicos da instituição educacional. Dessa forma, a proposta pedagógica da instituição educacional deve incorporar a experiência cultural e social de todos nesse processo.

Em convergência com essa ideia, Zwicker (2017) acrescenta que, hoje, o aprender não se restringe a um espaço ou tempo determinado, a um detentor/transmissor de informações e, muito menos, a um aluno passivo, possibilitando, dessa maneira, a transposição de barreiras, uma vez que houve a ampliação de acesso a informações de modo veloz e quase ilimitado.

Diante do crescimento de tecnologias digitais e de uma consequente mudança nos ambientes de aprendizagem, é necessário considerar as competências educacionais para o cenário digital e os novos rumos para os quais a educação aponta. Para tanto, ressalta-se o ambiente virtual de aprendizagem como um espaço de construção de conhecimento oportuno aos alunos em diversas áreas, por se tratar de um ecossistema que tem por base a interatividade de diversos recursos e funcionalidades para o processo de aprendizagem e a interação entre pessoas e grupos. Do ponto de vista de ensino, essas plataformas são capazes de gerenciar cursos *on-line*, registrando os estudantes e realizando avaliações de resultado de aprendizagem (NINORIYA; CHAWAN; MESHRAM, 2011).

No entanto, é fulcral alertar que:

> Não basta ter acesso ao computador conectado à internet. É preciso, além de ter acesso aos meios digitais e sua infraestrutura, vivenciar a cultura digital com autoria criadora e cidadã. Saber buscar e tratar a informação em rede, transformar informação em conhecimento, comunicar-se em rede, produzir textos em várias linguagens e suportes são saberes fundamentais para a integração e autoria na cibercultura. (SANTOS, 2019, p. 83).

Dessa forma, utilizar um ambiente virtual de aprendizagem e pensar no processo de ensino em um meio digital vai além do simples uso dessa ferramenta. Com o avanço crescente das tecnologias digitais da informação e comunicação (TDICs), torna-se cada vez mais essencial recorrer às competências digitais para que a aprendizagem possa ser efetiva e promova bons resultados para o desenvolvimento do aluno. Por conseguinte, professores e estudantes devem estar preparados para lidar com essas mudanças (MOURA, 2017; SCHERER *et al.*, 2018).

Esse fato pode ser reforçado, ainda, com a Base Nacional Comum Curricular (BNCC), um documento que guia a educação básica e advoga a favor da inclusão de tecnologias digitais no ensino, com o objetivo de implementar novas práticas de aprendizagem. Conforme Cabral, Lima e Albert (2019), a BNCC foca o desenvolvimento de competências e habilidades para garantir que os alunos não somente obtenham conhecimento, como também mobilizem o aprendizado para agir em sociedade. Além disso, em relação às tecnologias digitais, a BNCC reconhece o desafio imposto pela sociedade contemporânea na educação, tendo em mente que a curadoria das informações depende do aluno. Nesse ponto, ressalta-se, previamente, a relação existente entre as competências digitais e a curadoria de conteúdo, que será discutida adiante.

Nas ideias defendidas por Gisbert e Esteve (2011), a competência digital consiste na soma de habilidades, conhecimentos e atitudes referentes a aspectos que não são somente tecnológicos, mas também informativos, multimídia e comunicativos. Dias-Trindade e Ferreira (2020) defendem que as competências digitais docentes remetem para "[...] a capacidade de trabalho em ambientes digitais, associando a componente pedagógica à componente tecnológica e digital" (DIAS-TRINDADE; FERREIRA, 2020, p. 169), e que essa mesma competência digital "[...] deve materializar-se na capacidade de mobilizar conhecimentos e atitudes para um uso efetivo da tecnologia digital em contexto profissional" (DIAS-TRINDADE; FERREIRA, 2020, p. 169). Em consonância com essa ideia, Ota e Dias-Trindade (2020) alertam quanto à necessidade de considerar a competência digital na criação de ambientes educacionais de qualidade, em uma perspectiva de inclusão de todos, de modo que o digital possa auxiliar no desenvolvimento de práticas de ensino e de aprendizagem e de todo um ecossistema educativo de elevada qualidade.

Nesse sentido, a compreensão acerca das competências digitais nos direciona ao foco na aquisição destas por parte do corpo docente, visto que esse processo viabiliza o desenvolvimento de um quadro de domínios que docentes devem adquirir para integrar e usar a tecnologia de forma correta e significativa para os processos de ensino e aprendizagem (SCHERER *et al.*, 2018), como forma de desenvolver melhores modelos de aprendizagem no meio digital e fazer o ensino do aluno ser efetivo, seja em um ambiente híbrido, seja em um totalmente *on-line*.

Em decorrência disso, torna-se fulcral o entendimento de que, mesmo que tenha potencial para impulsionar o desenvolvimento do aluno, a tecnologia trata-se apenas de uma ferramenta utilizada pelo professor para integrar e inovar o ensino (EHLERS; SCHNECKENBERG, 2010), o que nos faz pensar que ela não acontece por si só e ainda depende da figura do professor para intermediar as atividades com o estudante.

Para possibilitar o desenvolvimento dessas competências, é fundamental a promoção da cultura digital nas escolas, que depende não apenas de políticas públicas, como também da finalidade da escola diante das tecnologias digitais, do engajamento da gestão escolar e da equipe de professores.

No entanto, embora a inserção e a democratização das tecnologias na educação tenham se tornado objeto de políticas, programas e projetos educacionais, a análise dos efeitos e impactos de seu uso pedagógico nas escolas mostra que, em muitos casos, ela se limita a atividades específicas.

Diante, então, de todo o avanço tecnológico, de seu impacto no setor educacional e da necessidade de o corpo docente ter as competências adequadas para tornar os processos de ensino e aprendizagem eficazes para o aluno, é essencial que se tenha um suporte que viabilize aos professores a aquisição das competências digitais, de forma que o uso das tecnologias não se limite a atividades específicas, sem efetiva integração curricular (BRANDALISE, 2019).

Nesse contexto, Scherer *et al.* (2018) reforçam o uso do modelo TPACK, uma vez que ele se trata de um quadro conceitual que descreve a base de conhecimento para que docentes ensinem com tecnologia e de forma efetiva, enfatizando as interações entre conteúdo, pedagogia e tecnologia e levando em consideração o conceito de conhecimento pedagógico de Shulman, que acredita que os professores têm a capacidade de integrar conhecimento e abordagens pedagógicas que sejam adequadas para os alunos.

No que se refere ao instrumento utilizado para entender como as competências digitais se articulam no ensino, tem-se o DigCompEdu Check-In, ferramenta que tem sido usada para fornecer *feedbacks* interessantes sobre forças pessoais, com a qual os professores podem melhorar as formas de usar as tecnologias digitais para o processo de ensino e aprendizagem.[1]

Conforme Dias-Trindade, Moreira e Nunes (2019), essa ferramenta é composta por **seis áreas de competência:** envolvimento profissional; tecnologias e recursos digitais; ensino e aprendizagem; avaliação; capacitação dos estudantes; e promoção da competência digital dos estudantes. A primeira área (A1) ressalta o uso de tecnologias para comunicar, colaborar e promover o desenvolvimento profissional; a segunda (A2) diz respeito às tecnologias para selecionar, criar e compartilhar recursos digitais; a terceira (A3) fala sobre a capacidade de gestão e organização do uso das tecnologias para os processos de ensino e aprendizagem; a quarta (A4) recorre às tecnologias para avaliar os processos dos estudantes; a quinta (A5) está relacionada ao uso de tecnologia para melhorar inclusão, personalização e engajamento do aluno; e, por fim, a sexta (A6) envolve a tentativa de desenvolver uma relação criativa e responsável entre aluno e professor a partir do uso de tecnologias.

As informações contidas na Figura 6.1 trazem conexões entre as áreas das competências propostas pelo instrumento, de modo a visualizar a relação intrínseca que há entre elas, uma vez que o envolvimento profissional do professor impactará o desenvolvimento tanto das competências digitais quanto das competências específicas da área de conhecimento, trazendo o ambiente fomentador necessário para a aplicação das tecnologias e dos recursos digitais. Tal estratégia visa causar impacto nos processos de ensino e aprendizagem e, então, possibilitar resultados avaliativos que permitam elencar dados a serem utilizados na capacitação rumo à promoção da competência digital dos estudantes.

---

[1] Neste estudo, tomaremos como base a versão validada em Portugal por Dias-Trindade, Moreira e Nunes (2019).

Figura 6.1 Áreas e âmbito do DigCompEdu.
Fonte: Elaborada com base em Dias-Trindade, Moreira e Nunes (2019).

Em face desse fluxo, é válido salientar a relação entre o item 2 – tecnologias e recursos digitais – e o item 5 – capacitação dos estudantes –, visto que a articulação entre ambos é que vai garantir a ampliação e o aprimoramento das competências digitais de uma proficiência digital para os aspectos geradores, por exemplo, de uma boa seleção com filtragem dos conteúdos.

Diante das considerações acerca de competências digitais docentes e da sua importância para processos de ensino e aprendizagem mais eficazes para os novos modelos virtuais, é necessário considerar sua relação com a curadoria de conteúdo, pois tais proficiências têm papel fundamental na hora de cada professor determinar qual é o conteúdo ideal para personalizar a experiência de aprendizagem de cada estudante em cada sequência didática planejada.

CURADORIA DE CONTEÚDO

Atualmente, no contexto digital de ensino, sem esquecer de todo o conceito de curadoria envolvendo o campo das artes, tem-se o curador como aquele que trata a informação para poder disseminá-la, ou seja, aquele que seleciona, avalia, armazena e dissemina objetos e coleções. A curadoria, então, passa a ser o processo utilizado para selecionar e organizar um conteúdo dispersado, transformando-o em algo funcional para quem irá consumi-lo (SANTOS, 2014; SANTOS, 2018).

Aprimorando essas fundamentações, Martins (2006) colabora significativamente ao compartilhar o seu entendimento de que a mediação viabilizada pela curadoria entre uma parte e outra não deve ser vista como uma mediação entre uma obra e alguém que não sabe, mas sim entre uma obra e alguém que está disposto a passar pela experiência do saber.

É oportuno destacar que existem alguns tipos de curadoria, sendo eles digital, da informação e de conteúdo. No entanto, no presente estudo, o foco será em conteúdo, uma vez que esse tipo de curadoria entrega conteúdo personalizado ao aluno, estimulando o desenvolvimento de novos conhecimentos. É importante ressaltar que a curadoria de conteúdo vai além da curadoria de informação e possui um papel ativo de mediação ao disponibilizar um material e propor uma estrutura de conteúdos agrupados, oferecendo novas possibilidades de conhecimento e despertando o interesse do estudante em outras temáticas (SANTOS, 2018).

É nesse ponto, portanto, que podemos pensar no auxílio das competências digitais para uma melhor curadoria de conteúdo e, principalmente, no suporte da ferramenta DigCompEdu para a análise das melhores competências para atingir os objetivos determinados.

Essa análise pressupõe a necessidade de traçar um caminho a ser seguido. Nessa sintonia, cumpre-nos refletir sobre a importância de termos claro o percurso nessa trajetória das competências digitais e curadoria de conteúdo, para que ninguém se perca pelo caminho.

No entanto, pedimos licença de toda discussão teórica e prática para elucidar de modo significativo a importância dessa "trilha", com a consciência do real ponto de chegada, e apresentar a brilhante finalização de um artigo feito para a *Folha de S. Paulo*, no qual há uma analogia entre escolhas na educação e uma passagem do livro *Alice no País das Maravilhas*, de Lewis Carroll:

> O melhor? Lembrar do Gato no País das Maravilhas: quando Alice pede a ele ajuda, querendo saber para onde ia aquela estrada na qual estava, a réplica feliniana traz a pergunta mais funda a fazer diante de uma escolha: Para onde você quer ir? A menina, desolada, diz não saber, pois estava perdida. O gato fulminou: para quem não sabe aonde vai, qualquer caminho serve... (CORTELLA, 2010, documento *on-line*).

Após essa "viagem" ao País das Maravilhas, podemos retornar conscientes e refletindo o quanto é importante saber o ponto de chegada para, então, compreender o percurso a ser feito.

Diante dessa premissa, podemos prosseguir e compreender o papel das competências digitais e sua relação com a curadoria de conteúdo, de modo a entender como os processos se (co)relacionam e qual o impacto do "caminhar" rumo ao destino final, para que não seja necessário encontrar um "Gato" durante a trajetória para nos lembrar da importância de ter objetivos e foco, evitando, com isso, que as competências digitais sejam dissociadas dos processos de ensino e aprendizagem, sendo apenas mais uma das possibilidades, e não um meio em si.

Nessa direção, tem-se a cultura do *lifelong learning* em face da busca de um aprendizado contínuo, tendo as competências digitais como um "radar" sobre as necessidades e as tendências que movem a educação e todas as possibilidades trazidas pelas TDICs e pelas demais práticas inovadoras.

Para traçar o trajeto dessa busca de mãos dadas com a curadoria, solicitamos uma pequena pausa para convidarmos Biggs e Tang (2011), que nos presentearam com o conceito de alinhamento construtivo entre os processos de ensino e aprendizagem, afirmando que, ao adotar essa metodologia, professores e alunos refletem mais sobre o processo de aprendizagem. Para tanto, os autores apresentam a divisão do conceito em três grandes blocos, os quais nos permitem uma intersecção entre pontos centrais de alinhamento construtivo e competências digitais para a curadoria de conteúdo.

- Resultados de aprendizagem esperados (reflexão): ao traçar os **objetivos** de aprendizagem e elencar os tópicos, temos um processo reflexivo que fará emergir as atividades de ensino e aprendizagem, as quais diminuirão a distância para alcançarmos o que almejamos.
- Atividades de ensino e aprendizagem (busca/seleção/categorização – mediação): o **processo de busca/seleção e categorização** com base nos objetivos de aprendizagem definidos.
- Atividades de avaliação (formação): ao **compartilhar as atividades** com os alunos, teremos a coleta de dados, que nos permitirá iniciar um novo processo de aprendizagem, o qual, mesmo em uma perspectiva metodológica desse alinhamento, tem seu caráter cíclico e em convergência com o conceito de *lifelong learning*, traçando uma rota que elucidará a presença do planejamento.

Na esteira desses apontamentos, acrescentamos a Figura 6.2, a fim de apresentar uma representação visual que pretende elucidar o processo pontuado anteriormente, com fluxo de desenvolvimento em um processo reflexivo.

Os elementos objetivos de aprendizagem e tópicos estão relacionados à reflexão. À medida que o professor elenca os objetivos e seleciona os tópicos, há a possibilidade de (re)pensar suas ações em convergência ao defendido por Freire (2001, p. 43) quando afirma que "A prática docente crítica, implicante do pensar certo, envolve o movimento dinâmico, dialético, entre o fazer e o pensar sobre o fazer". Dessa forma, ao desenvolver essas ações, temos o primeiro e importante passo para prosseguir nossa trajetória conscientes do ponto de chegada e coerentes em relação à rota traçada, impulsionados pela seguinte questão norteadora: "O que você quer que seus alunos saibam ou sejam capazes de fazer (competência) ao final da aula?".

Aprendizagem digital

Resultados de aprendizagem
O que você quer que seus alunos saibam ou sejam capazes de fazer (competência ao final da aula)?

Objetivos de aprendizagem

Como você vai verificar se eles aprenderam?

Verificação de aprendizagem

Tópicos

Intenções de ensino

Compartilhamento com os estudantes

Atividades de avaliação

Busca e seleção

Criação do objeto de aprendizagem

Categorização do acervo

Roteiro e orientação instrucional

Atividades de ensino e aprendizagem
Que atividades serão propostas durante a aula para que os alunos atinjam o objetivo pedagógico verificável pela avaliação escolhida?

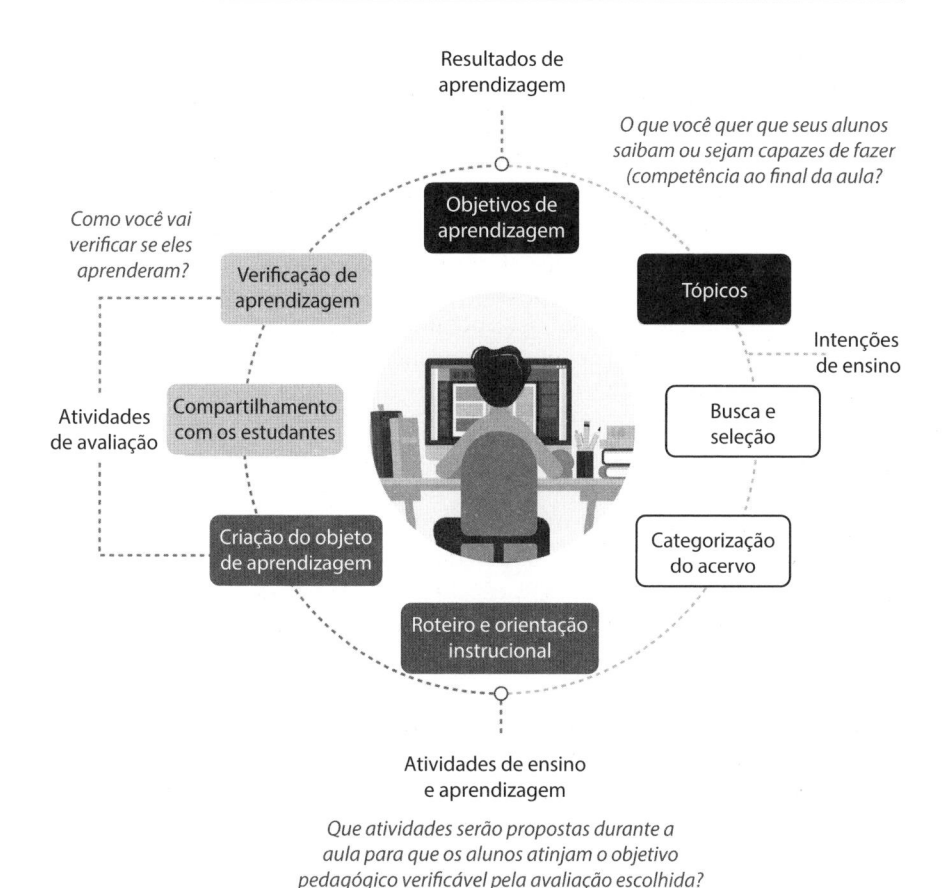

Figura 6.2 Competências digitais para a curadoria de conteúdo.

Busca e seleção e categorização do acervo contemplam a intencionalidade de despertar as proficiências necessárias para selecionar e categorizar o acervo a ser utilizado, possibilitando ao professor a criação de um repertório a ser movimentado conforme novos desafios sejam elencados em outras situações de início desse processo na criação de objetivos de aprendizagem. Afinal,

> [...] não se pode aceitar que a aula seja um momento de improviso, no qual o professor aja livremente sem fazer conexões e articulações com assuntos já desenvolvidos, com os conhecimentos prévios dos alunos, sem estrutura de sucessões de atividades que não cumpram propósitos de aprendizagens definidos. (INFORSATO; SANTOS, 2011, p. 86).

Esses dois processos permeiam as intenções de ensino e viabilizam a concretização do próximo processo com um pontapé inicial reflexivo, visando elencar possibilidades para responder à seguinte questão: "Que atividades serão propostas durante a aula para que os alunos atinjam o objetivo pedagógico verificável pela avaliação escolhida?". Em outras palavras, esse próximo processo versa sobre atividades de ensino e aprendizagem.

Na sequência, temos a presença da mediação, ou seja, ao criar o roteiro e a orientação instrucional visando instruir o objetivo de aprendizagem, tornamos possível estabelecer uma relação mediadora do conhecimento, zelando por uma linguagem dialógica e clara para que os estudantes possam desenvolver sua aprendizagem. Segundo Araújo (2016, documento *on-line*), "[...] é importante a reflexão de como transferir o conhecimento de forma clara e objetiva, despertando assim o interesse e a motivação no querer aprender, neste momento inicia-se o processo e o trabalho de mediação".

Nesse papel mediador, o professor adota uma postura em que os alunos e ele se unem como uma "[...] célula básica do desenvolvimento da aprendizagem, por meio de uma ação conjunta [...] em direção à aprendizagem; de relações de empatia para se colocar no lugar do outro [...]" (MASETTO, 2010, p. 179).

Entre esse processo que mergulha em águas mediadoras com ondas e reflexos resultantes da interação no ensino, emerge o questionamento: "Como você vai verificar se eles aprenderam?", surgindo as atividades de avaliação, que envolvem o compartilhamento com os estudantes e as verificações de aprendizagem planejadas.

E, desse modo, fecha-se um ciclo no qual esteve presente o "formar a ação". Tal ciclo se torna o ponto de partida inicial para novos ciclos, em uma prática reflexiva.

Nesse processo, indubitavelmente, percebe-se a relevância da proficiência do professor, tanto no âmbito de competências digitais quanto no âmbito daquelas relacionadas à prática pedagógica. Desse modo, é possível constatar a relevância dessas habilidades na curadoria em face da separação de material para ensiná-las e propor atividades que promovam maior engajamento dos estudantes em diferentes espaços de aprendizagem.

Ampliando as reflexões, torna-se oportuno destacar também que, em meio ao desenvolvimento dessas competências, o conceito de *lifelong learning*

> [...] apresenta uma série de vantagens em relação aos sistemas tradicionais de ensino, começando pela alta capacidade de adaptação à evolução do ser humano, uma vez que baseia sua atuação no alinhamento do conteúdo e metodologias às necessidades do indivíduo, apresentando a mudança constante como ponto central de sua teoria, contrapondo aos métodos tradicionais centrados em conteúdos preestabelecidos. (GHISLENI; BECKER; CANFIELD, 2020, p. 17).

Sem negar a presença desse conceito em face do desenvolvimento de situações de aprendizagem que fomentem ambientes propícios para atingir os pressupostos anteriores, tem-se, na curadoria, uma possibilidade de garantir esse alimento de modo a ampliar o desenvolvimento das competências essenciais para atender às demandas desse avanço tecnológico em constante mudança devido aos reflexos dos contextos vivenciados.

DICAS DE APLICATIVOS PARA CURADORIA DE CONTEÚDO

Diante da relevância do processo de curadoria em articulação com a proficiência digital, destacamos a existência de aplicativos/recursos que permitem ajudar o docente a organizar todo material curado, categorizando as informações para reutilização dos conteúdos quando oportuno:

- **Pocket** – Excelente aplicativo que ajuda a salvar e a organizar conteúdos, criando marcações para consulta posterior.
- **Pinterest** – Um aplicativo que possibilita inspirações para novas ideais, além de permitir a organização dos recursos salvos por pastas.
- **Wakelet** – Uma ferramenta que também oferece opções para criar coleções de conteúdos a partir do que vemos na internet.
- **Scoop.it** – Embora não seja um recurso dedicado para fins educacionais, a ferramenta realiza, com base em palavras-chave, a curadoria de conteúdos que sejam interessantes e relevantes a partir dos assuntos que se deseja acompanhar (p. ex., *tools for learners*: https://www.scoop.it/topic/tools-for-learners).

CONSIDERAÇÕES FINAIS

Ao reconhecer que as práticas educacionais estão mudando e que o avanço das tecnologias está impactando os processos de ensino e aprendizagem, precisamos focar o desenvolvimento de competências digitais docentes, já que fica claro o fato de que a tecnologia, por si só, não se torna efetiva, necessitando, ainda, da figura do professor para intermediar a relação de conhecimento com o aluno.

Diante disso e da concepção de que não se "terminam mais os estudos", visto que o mundo globalizado gira em velocidade com acelerações que oscilam e geram a necessidade de mudanças para acompanhar os avanços, o conceito de *lifelong learning* fomenta a criação de um ambiente favorável ao desenvolvimento das competências digitais para atender às demandas, fazendo o professor, por meio das suas competências digitais em articulação com um processo de alinhamento construtivo, tornar-se o curador de conteúdo, permitindo a mediação do conhecimento, de modo a visualizar, nos meios tecnológicos, uma possibilidade de ampliar os caminhos para chegar até o conhecimento.

Em decorrência disso, convém notar que, para construir ambientes digitais de aprendizagem efetivos, o corpo docente precisa compreender como utilizar ferramentas tecnológicas em diferentes momentos dos processos de ensino e aprendizagem, sabendo quais as melhores competências a adquirir e usar nos ambientes virtuais. Aliada a isso, entra a curadoria de conteúdo, que é responsável por permitir que o aluno tenha um aprendizado eficaz, com conteúdos relevantes para ele.

Assim, diante dos estudos realizados, constatou-se que, se amparados por referenciais como DigCompEdu e TPACK, os professores poderão realizar uma melhor curadoria de conteúdo a fim de oportunizar aos estudantes ações que contemplem a articulação das competências digitais dos professores com a consciência da trilha a ser seguida para que se tenha a garantia de uma aprendizagem efetiva, capaz de tornar o aluno protagonista de sua aprendizagem, compreendendo que esta ocorre em diferentes espaços, para além das paredes de uma sala de aula convencional.

Entre a aquisição de competências digitais docentes e a curadoria de conteúdo, no entanto, cabe o uso do DigCompEdu, instrumento existente para auxiliar professores a encontrarem as melhores competências e suas áreas de maior facilidade e dificuldade, a fim de ajudá-los a selecionar melhor o conteúdo para os processos de ensino e aprendizagem.

Atrelado a esse instrumento, destaca-se o TPACK, que viabiliza conhecer a base de conhecimento para que seja possível aos docentes o uso de tecnologia de forma efetiva, destacando a tríade de interação: conteúdo, pedagogia e tecnologia.

Em decorrência, foi possível, então, constatar uma relação benéfica entre o conhecimento e a aquisição de competências digitais para uma melhor curadoria de conteúdo, ou seja, para uma melhor seleção, avaliação e personalização de um conteúdo mais interessante para determinado programa de ensino, ou, até mesmo, para um estudante em situação específica. É a partir de uma boa curadoria que o aluno poderá traçar suas trilhas de aprendizagem em uma metodologia de alinhamento construtivo, absorvendo conteúdos que são eficazes para ele.

Assim sendo, em uma perspectiva de processo contínuo visualizado no conceito de *lifelong learning*, concluímos com uma citação poética de Guimarães Rosa para simbolizar tal ciclo: "Mestre não é quem sempre ensina, mas quem de repente aprende". Destacamos o "de repente", que pode ser equiparado às circunstâncias desse contexto de pandemia, que acelerou a ampliação de possibilidades de ensino remoto, tendo a curadoria como meio para articular os saberes necessários em face da busca, seleção e categorização de acervo para a mediação propulsora da chegada aos objetivos de aprendizagem em um processo dialógico e interativo.

REFERÊNCIAS

ARAÚJO, T. G. *O papel do professor mediador na elaboração do conhecimento na formação técnica.* [2016]. Disponível em: https://siteantigo.portaleducacao.com.br/conteudo/artigos/administracao/o-papel-do-professor-mediador-na-elaboracao-do-conhecimento-na-formacao-tecnica/73007. Acesso em: 5 mar. 2021.

BIGGS, J.; TANG, C. *Teaching for quality learning at the university:* what the students does. 4th ed. Philadelphia: McGraw-Hill, 2011.

BRANDALISE, M. Â. T. Tecnologias de informação e comunicação nas escolas públicas paranaenses: avaliação de uma política educacional em ação. *Educação em Revista*, v. 35, 2019. Disponível em: http://www.scielo.br/pdf/edur/v35/1982-6621-edur-35-e206349.pdf. Acesso em: 13 fev. 2021.

CABRAL, A. L. T.; LIMA, N. V.; ALBERT, S. TDIC na educação básica: perspectivas e desafios para as práticas de ensino da escrita. *Trabalhos em Linguística Aplicada*, v. 58, n. 3, p. 1134–1163, 2019.

CORTELLA, M. S. "Para quem não sabe aonde vai, qualquer caminho, serve". *Folha de São Paulo*, ano 90, n. 29.692, 19 jul. 2010. Disponível em: https://www1.folha.uol.com.br/fsp/especial/fj1907201015.htm. Acesso em: 13 fev. 2021.

DIAS-TRINDADE, S.; FERREIRA, A. G. Competências digitais docentes: o DigCompEdu CheckIn como processo de evolução da literacia para a fluência digital. *Icono 14*, v. 18, n. 2, p. 162–187, 2020.

DIAS-TRINDADE, S.; MOREIRA, J. A.; NUNES, C. Escala de autoavaliação de competências digitais de professores: procedimentos de construção e validação. *Texto Livre:* Linguagem e Tecnologia, v. 12, n. 2, p. 152–171, 2019.

EHLERS, U.; SCHNECKENBERG, D. Introduction: changing cultures in higher education. *In:* EHLERS, U.; SCHNECKENBERG, D. (ed.). *Changing cultures in higher education:* moving ahead to future learning. New York: Springer, 2010. p. 1–14.

FREIRE, P. *Pedagogia da autonomia:* saberes necessários à prática educativa. 20. ed. São Paulo: Paz e Terra, 2001.

GHISLENI, T. S.; BECKER, E. L. S.; CANFIELD, G. S. Lifelong learning e sua contribuição para o ensino emancipatório. *Saber Humano:* Revista Científica da Faculdade Antonio Meneghetti, v. 10, n. 16, p. 115–132, 2020.

GISBERT, M.; ESTEVE, F. Digital learners: la competência digital de los estudiantes universitarios. *La Cuestión Universitaria*, n. 7, p. 48–59, 2011.

INFORSATO, E. C.; SANTOS, R. A. A preparação das aulas. *In:* UNIVERSIDADE ESTADUAL PAULISTA. *Caderno de formação:* formação de professores: didática dos conteúdos. São Paulo: Cultura Acadêmica, 2011. v. 2, p. 86–99.

MARTINS, M. C. Curadoria educativa: inventando conversas. *Reflexão e Ação*, v. 14, n. 1, p. 9–27, 2006.

MASETTO, M. T. *O professor na hora da verdade:* a prática docente no ensino superior. São Paulo: Avercamp, 2010.

MOURA, A. Promoção da literacia digital através de dispositivos móveis: experiências pedagógicas no ensino profissional. *In:* PEREIRA, S.; PINTO, M. (org.). *Literacia, media e cidadania:* livro de atas do 4º congresso. Braga: CECS, 2017. p. 324–336.

NINORIYA, S.; CHAWAN, P. M.; MESHRAM, B. B. CMS, LMS and LCMS for eLearning. *International Journal of Computer Science Issues*, v. 8, n. 2, p. 644–647, 2011.

OTA, M. A.; DIAS-TRINDADE, S. Ambientes digitais de aprendizagem e competências digitais: conhecer o presente para agir num futuro pós-covid. *Interfaces Científicas:* Educação, v. 10, n. 1, p. 211–226, 2020.

RIGO, R. M.; VITÓRIA, M. I. C. *Mediação pedagógica em ambientes virtuais de aprendizagem.* Porto Alegre: EDIPUCRS, 2015.

SANTOS, E. *Pesquisa-formação na cibercultura.* Teresina: EDUFPI, 2019.

SANTOS, P. M. Curadoria de conteúdo: uma proposta para o serviço de disseminação seletiva da informação. *In:* SEMINÁRIO FESPSP, 7., 2018, São Paulo. *Anais* [...]. São Paulo: FESPSP, 2018. GT 04 - Organização e acesso à informação digital. Disponível em: https://www.fespsp.org.br/seminarios/anaisVII/GT_4/Paola_Marinho.pdf. Acesso em: 14 fev. 2021.

SANTOS, T. N. C. *Curadoria digital:* o conceito no período de 2000 a 2013. 2014. Dissertação (Mestrado em Ciência da Informação) – Universidade de Brasília, Brasília, 2014.

SCHERER, R. et al. The importance of attitudes toward technology for pre-service teachers´ technological, pedagogical, and content knowledge: comparing structural equation modelling approaches. *Computers in Human Behavior*, v. 80, p. 67–80, 2018.

ZWICKER, M. R. G. S. A aprendizagem ativa e o cérebro: contribuições da neurociência para uma nova forma de educar. *In:* SANTOS, C. M. R. G.; FERRARI, M. A. (org.). *Aprendizagem ativa:* contextos e experiências em comunicação. Bauru: FAAC/Unesp, 2017. cap. 3, p. 49–74.

Leitura recomendada

VALENTE, J. A. (org.). *O computador na sociedade do conhecimento.* Campinas: UNICAMP/NIED, 1999.

7

Personalização, gamificação e as trilhas de aprendizagem

Marcos Andrei Ota
Daiana Garibaldi da Rocha

NOVOS CENÁRIOS DA EDUCAÇÃO

Pensar na educação, hoje em dia, nos faz reconhecer sua posição de destaque nas estratégias de desenvolvimento dos países, graças tanto ao impacto tecnológico sobre o mercado de trabalho quanto às novas formas de cidadania. No Brasil, o debate atual com relação à educação se dá pelo crescimento de cursos e diferentes programas de ensino (*on-line*, presencial e híbrido), que buscam atender a um perfil de estudantes adaptados a transitar em diferentes espaços de aprendizagem, o que diverge opiniões, já que, quando um novo meio de ensino aparece, não só o aluno precisa aprender a lidar com um ambiente diferente de aprendizagem, aplicando, posteriormente, tudo o que aprendeu, como também os professores necessitam reunir práticas pedagógicas importantes e flexíveis, como, por exemplo, o que chamamos de competências digitais. Esse fato coloca o papel docente em condição de destaque, uma vez que este terá a missão de integrar, em sua rotina, o uso de tecnologias com maior intencionalidade pedagógica, observando os objetos de aprendizagem e o que se pretende avaliar em todo o processo.

As tecnologias digitais da informação e da comunicação (TDICs) têm apresentado aos professores esses desafios, fazendo com que a aquisição de competências para usar novas tecnologias seja essencial para o processo de aprendizagem. Isso é intensificado diariamente graças ao constante avanço da internet e dos meios tecnológicos para acessá-la, ao surgimento de uma nova geração de ambientes virtuais e, consequentemente, ao aumento do interesse de alunos por cursos híbridos e/ou totalmente a distância.

Entretanto, um contexto atual que também tem servido como impulsionador para as TDICs é o da pandemia da covid-19, que, a partir de 2020, tornou clara a necessidade de uma iniciação ou de uma continuação dos processos educacionais com o aproveitamento de ferramentas digitais, o que ressalta a urgência de compreender em que nível as competências digitais estão atingindo os docentes, para que, posteriormente, seja possível traçar cenários educacionais de qualidade.

Assim, o uso crescente das TDICs vem impulsionando as formas de ensino e aprendizagem, exigindo dos educadores um desenvolvimento de competências digitais para o alcance de objetivos pedagógicos impostos pelas instituições de ensino – por exemplo, as universidades, que estão promovendo cada vez mais um ensino por meio de aplicações digitais e dando espaço dentro das salas de aula para recursos antes considerados apenas lúdicos, originando novos ambientes, sejam eles formais, não formais ou informais.

Diante desse panorama, é fundamental repensar a forma como o ensino está sendo aplicado, estabelecendo novas maneiras de permitir a aquisição da aprendizagem, que, com o passar dos anos, ocorre em uma mistura de espaços, presenciais ou a distância, com professores e alunos em uma mesma cultura digital (FLORIDI, 2015). Com isso, os docentes se deparam com a necessidade de entender conscientemente como podem usar as tecnologias digitais em diversos meios, a fim de promover o alcance de estratégias pedagógicas, obtendo resultados positivos para o desenvolvimento da aprendizagem. A própria curadoria digital de conteúdo surge no meio educacional como uma nova oportunidade de atuação docente, exigindo competências que vão desde o conhecimento de regras de direitos autorais até a identificação de qual recurso digital é mais apropriado para atender a diferentes objetivos de aprendizagem.

A educação *on-line*, dinamizada por ambientes virtuais de aprendizagem (AVAs), abriu novas oportunidades nos processos de ensino e aprendizagem, quer como complemento às aulas presenciais, quer como recurso fundamental para cursos híbridos e/ou totalmente a distância (LENCASTRE, 2012). Além disso, um ambiente virtual tem o objetivo de permitir a construção do conhecimento a partir do uso da interatividade entre pessoas ou grupos, não apenas pela disponibilização de conteúdo (SILVA, 2011). Por conta disso, os AVAs são caracterizados como espaços promissores de interações assíncronas ou síncronas, sendo capazes de potencializar a construção de conhecimento e promover a aprendizagem (TAFNER; TOMELIN; MÜLLER, 2012).

Considerando, então, a situação de pandemia e as implicações futuras no setor educacional, é importante discutir sobre como agir e reagir às mudanças relacionadas ao ensino e à aprendizagem, dando foco à personalização da aprendizagem em meio a uma nova geração de ambientes virtuais que oferecem cada vez mais ferramentas de personalização e enriquecem a experiência dos estudantes com trilhas de aprendizagem e estratégias de gamificação, a fim de desenvolver a aquisição de competências que gerem engajamento. Torna-se, portanto, objetivo deste capítulo compreender como a personalização tem contribuído para melhores trilhas de aprendizagem em meio a tantos recursos, como a gamificação.

AFINAL, O QUE SÃO TRILHAS DE APRENDIZAGEM?

Antes de entender como a personalização e a gamificação podem contribuir para o desenvolvimento de trilhas de aprendizagem, é válido avaliar algumas características da aprendizagem baseada em competências. Primeiramente, as trilhas de aprendizagem podem ser consideradas os caminhos virtuais de aprendizagem, ou seja, os caminhos que promovem o desenvolvimento de competências quanto ao conhecimento, à habilidade, à atitude, à interação, à interatividade e à autonomia (TAFNER; TOMELIN; MÜLLER, 2012). Sendo assim, por meio de uma orientação direta, as trilhas de aprendizagem possibilitam uma flexibilização de percurso do ensino, a fim de atingir os objetivos de aprendizagem.

Do ponto de vista pedagógico, modelos de aprendizagem com foco no estudante têm características advindas da personalização e da aprendizagem baseada em competências. Por conta disso, trabalhar a personalização de conteúdo em trilhas de aprendizagem faz com que o estudante seja o foco do aprendizado e tenha o controle do conhecimento que adquire. Tal experiência de aprendizado é concebida a partir de duas premissas básicas de navegação:

- **Sequência de conteúdo** (materiais didáticos, recurso educacional, atividade, fórum, *chat*, etc.) definida pelo professor ao planejar a disciplina e disponibilizada no ambiente virtual.
- **Progressão do estudante** durante sua interação com recursos disponibilizados no ambiente virtual.

A trilha de aprendizagem da empresa de solução educacional SAGAH apresentada na Figura 7.1 é um exemplo de trilha composta com base em três princípios: **aprendizagem significativa** (AUSUBEL, 1963), **aprendizagem colaborativa** (LIAW; CHEN; HUANG, 2008; DOUMANIS *et al.*, 2019; JIANG; ZHANG, 2020; ROSEN; WOLF; STOEFFLER, 2020) e **aprendizagem autônoma** (FISCHER, 2009).

Figura 7.1 Exemplo (solução educacional SAGAH).
Fonte: SAGAH (c2021, documento *on-line*).

Atualmente, a nova geração de ambientes virtuais já permite uma adaptação de conteúdo levando em consideração as trilhas de aprendizagem, seja por meio de personalização, seja por outros meios, como a gamificação, da qual falaremos adiante.

Dentre as principais ferramentas que os ambientes virtuais utilizam para promover o desenvolvimento das trilhas de aprendizagem, estão alguns recursos para monitoramento de desempenho, regras adaptáveis para personalizar a aprendizagem, fóruns, modelos de atividades em grupos ou revisão em pares e, até mesmo, a própria gamificação. Ademais, nessa nova geração, é possível facilmente realizar integrações com aplicações externas, o que aumenta a quantidade de recursos à disposição, contribuindo para novas trilhas de aprendizagem.

Diante disso, podemos pensar sobre a aprendizagem adaptativa como uma estratégia para desenvolver trilhas de aprendizagem de duas maneiras: quando os recursos para adaptar o conteúdo do aluno são construídos dentro do ambiente de aprendizagem e quando os alunos podem escolher suas próprias atividades e sequência com base em preferências pessoais (KATSIFLI, 2017). Quanto à primeira maneira, o ambiente de aprendizagem acaba controlando a adaptatividade, enquanto, na segunda, é o aluno que está no controle de sua própria aprendizagem. É nesta última, também, que é possível trabalhar com a personalização.

Na Figura 7.2, temos um exemplo de trilhas de aprendizagem com recursos que contemplam os princípios da aprendizagem adaptativa.

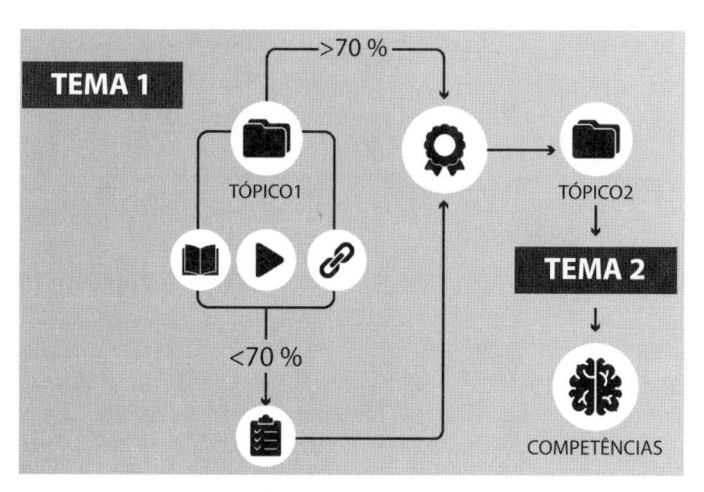

Figura 7.2 Exemplo de trilhas de aprendizagem.

DESAFIOS DA PERSONALIZAÇÃO

A fim de compreender melhor como a personalização se tornou uma ferramenta tão poderosa para os processos de ensino e aprendizagem, podemos começar pelo seu conceito. Para Caya e José Neto (2016), a personalização é o ato de mudar alguma coisa para fazê-la se adequar melhor a qualidades e características particulares de cada indivíduo ou entidade. Assim, para entender como as trilhas de aprendizagem operam no ensino e na aprendizagem em ambientes virtuais, é fundamental considerar as diferenças entre o ensino individualizado, o ensino diferenciado e o ensino personalizado (Figura 7.3).

No primeiro, o professor identifica o aluno que tem alguma necessidade diferente do restante da turma e adapta seu conteúdo com atenção individualizada. No segundo, grupos com interesses em comum se reúnem, e o professor determina as atividades para cada grupo. Por fim, no terceiro, alunos com as mesmas paixões e objetivos diferentes se reúnem e escolhem o que, como e com quem querem estudar, tendo o professor no papel de intermediador (GOMES, 2012).

Ensino individualizado

- Professor identifica aluno com necessidades diferentes da turma
- Professor adapta forma e conteúdo com atenção individualizada
- Avaliação DO aprendizado

Ensino diferenciado

- Grupos com interesses afins se reúnem
- Professor determina atividades diferentes para cada grupo
- Avaliação PARA O aprendizado

Ensino personalizado

- Alunos com mesmas paixões e objetivos diferentes se reúnem
- E escolhem O QUE, COMO e COM QUEM estudar
- Avaliação COMO aprendizado é parte do processo

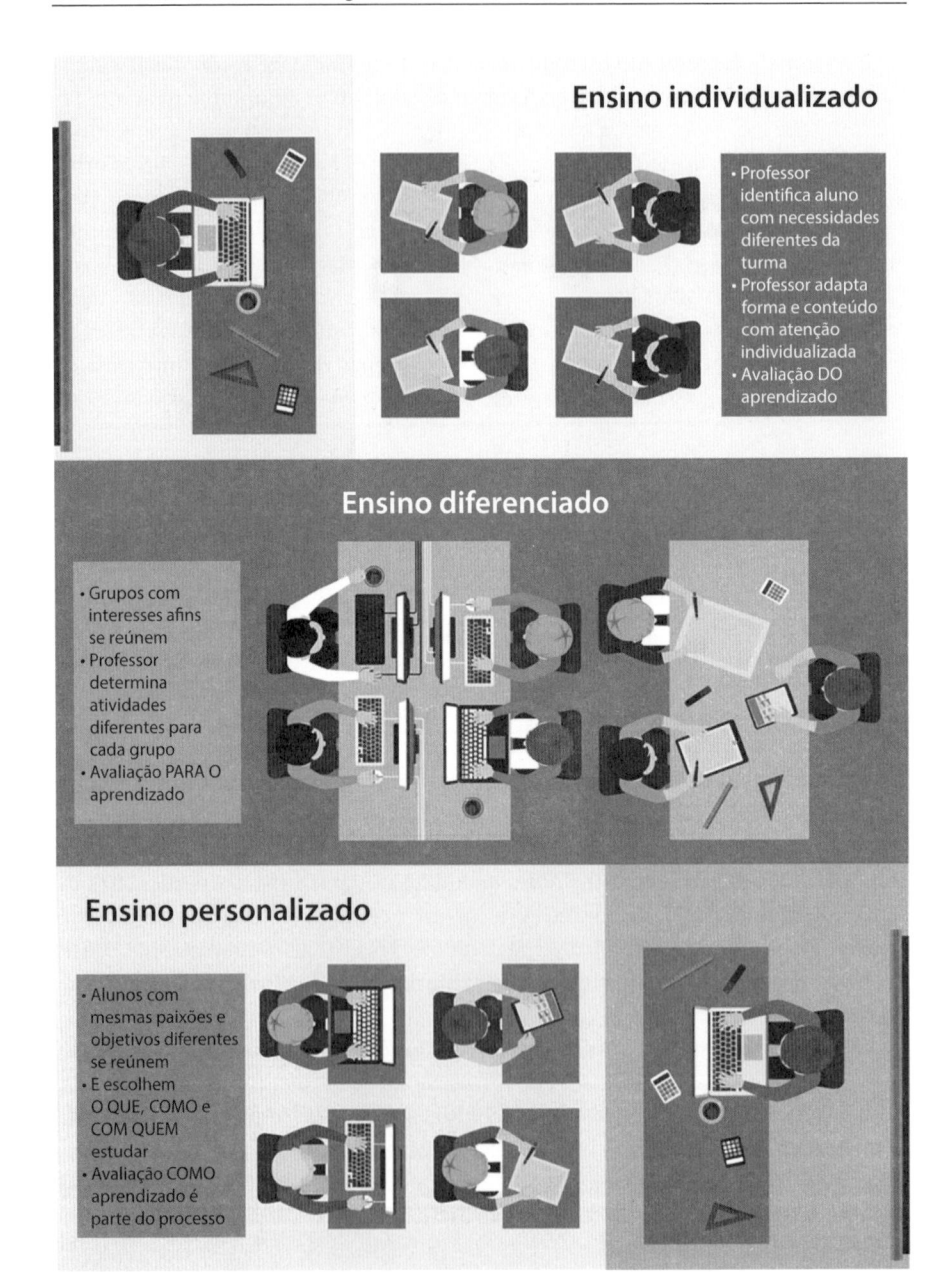

Figura 7.3 Passos para o ensino personalizado.
Fonte: Adaptada de Bray e McClaskey (*apud* GOMES, 2012, documento *on-line*).

Conforme Gomes (2012), a personalização começa com o aluno e suas habilidades, experiências e dificuldades. A partir disso, ele tem autonomia para montar sua própria trilha de aprendizagem, escolhendo o que quer estudar e como o fará – modelo de ensino personalizado. Segundo Graf *et al.* (2012), há três principais abordagens para conseguir a personalização: filtragem com base no conteúdo, filtragem colaborativa e filtragem baseada em regras. A grande diferença entre os três tipos está em como os dados de entrada são coletados para criar perfis de usuários, quais estratégias são utilizadas para criar esses perfis e qual método é usado para prever ou fornecer o conteúdo personalizado. No entanto, é importante ressaltar que a personalização só é possível se existir uma trilha de aprendizagem, ou seja, um caminho de aprendizagem baseado na aquisição de competência.

A partir do momento em que existe uma trilha de aprendizagem, portanto, é possível alcançar a personalização de algumas formas, como por meio de conhecimento prévio, nível de engajamento com o curso e desempenho medido em testes. A análise de todos esses fatores pode tornar possível pré-programar os tipos e a sequência mais adequada para as atividades de aprendizagem, além de permitir que a trilha traçada seja reconfigurada a partir da detecção de uma mudança de comportamento do aluno no decorrer do curso.

Desafios da personalização:

- Pré-requisito (conhecimentos prévios);
- Desenvolvimento de competências;
- Assertividade no *feedback*;
- Análise de assuntos e interesses;
- Material de apoio;
- Curadoria de conteúdo.

> A personalização da trilha pode ocorrer por **apresentação de conteúdo** ou em **nível de navegação**, que orienta os estudantes a encontrarem o conteúdo, sugerindo caminhos personalizados.

Outra maneira de promover a personalização das trilhas de aprendizagem é adicionando ferramentas no ambiente virtual para selecionar as várias maneiras de estudar, seja com uma navegação linear, com materiais de curso, ou utilizando uma abordagem de conceitos relacionados. Ainda, a possibilidade de escolher as pessoas com quem o aluno quer trabalhar em grupo ou em par torna a personalização um ponto positivo para muitas trilhas. Diante disso, em resumo, a tecnologia capacita os alunos a personalizarem sua própria aprendizagem, escolhendo a trilha que mais os beneficiará e criando relações com os conteúdos que melhor atendem as suas necessidades. Sendo assim, saber selecionar as ferramentas certas de personalização dentro do ambiente virtual é a primeira etapa para desenvolver as estratégias adaptativas das trilhas de aprendizagem.

Do ponto de vista docente, saber planejar as trilhas de aprendizagem, contemplando todas as competências necessárias, requer bastante atenção na escolha dos conteúdos. A Figura 7.4 traz um exemplo oportuno de como podemos estruturar os conteúdos para as parametrizações que farão parte da personalização do ensino, estabelecendo a relação dos tópicos de aprendizagem com as competências requeridas para cada etapa de uma determinada trilha e/ou escolha do estudante.

Ao pensar em como a personalização pode existir dentro das trilhas de aprendizagem, podemos lembrar os quatro módulos de Brusilovskiy (1994) para o alcance de conteúdo personalizado para o aluno, sendo eles: o módulo aluno, o módulo especialista, o módulo tutoria e o módulo de interface. O primeiro módulo é responsável por construir e atualizar o modelo do aluno, adicionando e atualizando informações relevantes reunidas pelo ambiente de aprendizagem. O segundo módulo tem a função de adquirir conhecimento de domínio, o qual é armazenado no modelo especializado e representado internamente. O terceiro, por sua vez, trabalha com informações sobre como o material de aprendizagem pode ser usado de forma adequada, considerando necessidades individuais e específicas. Por fim, o quarto apresenta o conteúdo por meio do módulo de tutoria e controla a comunicação e a interação dos estudantes com o ambiente de aprendizagem.

Ao reconhecer os resultados positivos obtidos com a personalização de trilhas de aprendizagem, chega o momento de avaliar até que ponto elementos de gamificação podem colaborar para a melhora desses resultados e para o desempenho do aprendizado. Com isso, para Ark (2014), o uso de ambientes virtuais baseados em jogos, o aumento do número de aplicativos de aprendizagem para *smartphones* e *tablets* e, ainda, a utilização de abordagens pedagógicas com *games* tornam a gamificação uma tendência para o futuro da educação a distância e até mesmo para o futuro da educação presencial.

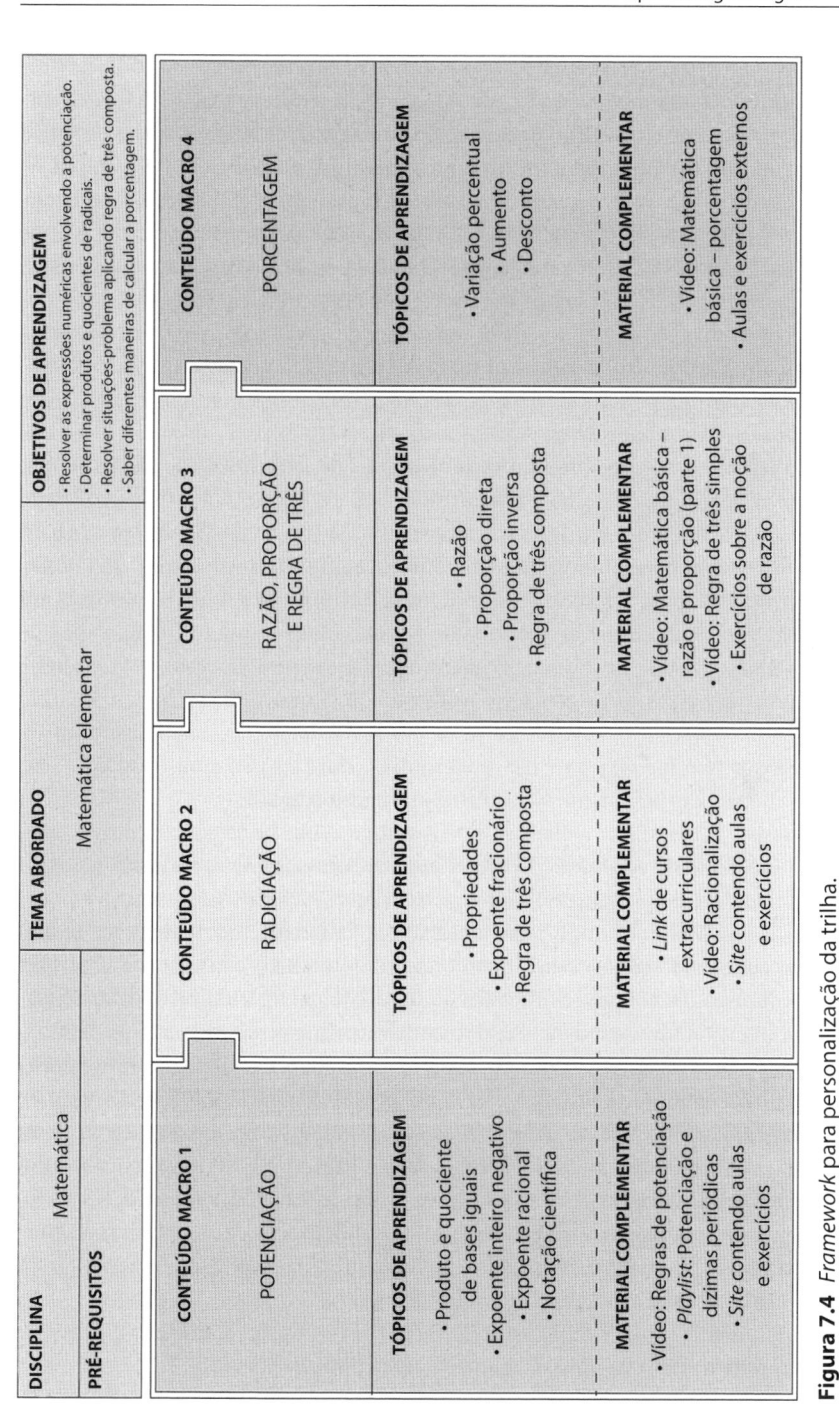

Aprendizagem digital 103

DISCIPLINA	Matemática	TEMA ABORDADO	Matemática elementar	OBJETIVOS DE APRENDIZAGEM
PRÉ-REQUISITOS				• Resolver as expressões numéricas envolvendo a potenciação. • Determinar produtos e quocientes de radicais. • Resolver situações-problema aplicando regra de três composta. • Saber diferentes maneiras de calcular a porcentagem.

CONTEÚDO MACRO 1	CONTEÚDO MACRO 2	CONTEÚDO MACRO 3	CONTEÚDO MACRO 4
POTENCIAÇÃO	RADICIAÇÃO	RAZÃO, PROPORÇÃO E REGRA DE TRÊS	PORCENTAGEM
TÓPICOS DE APRENDIZAGEM • Produto e quociente de bases iguais • Expoente inteiro negativo • Expoente racional • Notação científica	**TÓPICOS DE APRENDIZAGEM** • Propriedades • Expoente fracionário • Regra de três composta	**TÓPICOS DE APRENDIZAGEM** • Razão • Proporção direta • Proporção inversa • Regra de três composta	**TÓPICOS DE APRENDIZAGEM** • Variação percentual • Aumento • Desconto
MATERIAL COMPLEMENTAR • Vídeo: Regras de potenciação • *Playlist*: Potenciação e dízimas periódicas • *Site* contendo aulas e exercícios	**MATERIAL COMPLEMENTAR** • *Link* de cursos extracurriculares • Vídeo: Racionalização • *Site* contendo aulas e exercícios	**MATERIAL COMPLEMENTAR** • Vídeo: Matemática básica – razão e proporção (parte 1) • Vídeo: Regra de três simples • Exercícios sobre a noção de razão	**MATERIAL COMPLEMENTAR** • Vídeo: Matemática básica – porcentagem • Aulas e exercícios externos

Figura 7.4 *Framework* para personalização da trilha.
Fonte: Ota e Araújo Jr. (2016, documento *on-line*).

POR QUE GAMIFICAR A APRENDIZAGEM?

Conforme mencionado, a gamificação pode ser encontrada em meio à tentativa de obter melhores trilhas de aprendizagem, podendo ser pensada como opção de personalização. De acordo com Zichermann e Cunningham (2011), os mecanismos encontrados em jogos são capazes de motivar o indivíduo e contribuir para o seu engajamento nos mais diversos aspectos. Aliado a isso, Domínguez *et al.* (2013) ressaltam que jogos são capazes de promover contextos lúdicos, favorecendo o processo de aprendizagem. Diante dessas considerações, torna-se primordial rever os conceitos de gamificação e como ela pode ser aplicada no contexto educacional, de forma a proporcionar ambientes virtuais cada vez mais adaptados ao contexto da personalização das trilhas de aprendizagem.

Um conceito a ser explorado é o de Zichermann e Cunningham (2011), que consideram que a gamificação explora níveis de engajamento de um indivíduo para a resolução de problemas. Ainda, as pessoas são motivadas a jogar por quatro diferentes razões: para obter o domínio em um assunto, para aliviar o estresse, para entreter-se e para socializar. Para os autores, a diversão ocorre, também, em quatro diferentes aspectos: quando existe competição, quando há exploração de um universo, quando o jogador se sente diferente por conta do jogo e quando há interação com outras pessoas. Outro conceito de gamificação é dado por Chou (2021), que acredita que essa é a construção de modelos, sistemas ou modos de produção que têm foco nas pessoas, levando em consideração a motivação, o sentimento e a participação de todos os envolvidos no processo.

Em adição, Kapp, Blair e Mesch (2014) apontam dois tipos de gamificação: um **estrutural** e outro de **conteúdo**. O estrutural é aquele que corresponde à aplicação de mecanismos de jogo a um conteúdo que já existe; o de conteúdo é aquele no qual a informação, a dinâmica e o próprio conteúdo são alterados pela gamificação, mais especificamente pelo *game design*. Com relação ao contexto educacional, a gamificação pode ser utilizada para motivar os alunos a progredir, envolvê-los com o conteúdo, influenciar seu comportamento no ambiente de aprendizagem, guiá-los para o caminho da inovação, encorajá-los a desenvolver competências ou conhecimentos de forma autônoma e ensinar novos conteúdos (KAPP; BLAIR; MESCH, 2014).

Assim, aplicar princípios de gamificação em trilhas de aprendizagem pode contribuir de forma significativa para a personalização do aprendizado, e, se bem estruturada, a gamificação pode aumentar a motivação, a persistência e o desenvolvimento da aprendizagem. É importante, entretanto, avaliar em quais situações ela é aplicável, ou seja, em quais situações é interessante proporcionar a experiência de praticar ou ter satisfação em executar alguma tarefa.

Para isso, há oito princípios, segundo Ark (2014), para aplicar a gamificação de forma produtiva, a fim de atingir objetivos determinados (Quadro 7.1).

QUADRO 7.1 Princípios da gamificação produtiva

Desafios conceituais	Incorporam uma pedagogia rigorosa e desafios interessantes, que promovem uma aprendizagem conceitual mais profunda, em vez de somente instigar a memória do estudante. Eles devem incluir tarefas de aprendizado e não são apenas *quizzes* e *games* de pergunta e resposta. *Games* eficazes estão alinhados com os currículos, o que torna mais fácil combiná-los com outras formas de ensino e de avaliação.
Fracasso produtivo	Dão suporte ao erro e *feedback* instrucional. Os estudantes aprendem criando e testando hipóteses e recebendo *feedbacks* úteis.
Calibragem cuidadosa	Sistemas de aprendizagem que se mostram eficazes normalmente identificam e mantêm a chamada zona de desenvolvimento proximal, a distância entre o que o aluno sabe e o que ele pode alcançar. Bons *games* são bem calibrados: não são tão fáceis a ponto de deixar os alunos entediados, nem tão difíceis a ponto de frustrá-los.
Estímulo à persistência	A possibilidade de falhar e continuar tentando aumenta a resiliência e a persistência e, por si só, prepara virtualmente os alunos para lidarem melhor com os desafios do mundo real.
Construção da confiança	Ajuda os estudantes a ganharem confiança conforme aprendem como ter uma experiência de aprendizagem vencedora. Bons *games* também desenvolvem nos estudantes a noção de eficiência.
Melhora da motivação intrínseca	A gamificação engaja e motiva estudantes enquanto desenvolve neles a habilidade de resolver problemas e transmite um sentimento de realização graças ao sistema de *feedback* contínuo e de recompensa. Cristina Ioana Muntean, especialista em aprendizagem *on-line*, defende que um bom jogo e uma boa estratégia de aprendizagem baseada em *games* não substituem a motivação intrínseca do estudante pela extrínseca, mas oferecem uma combinação das duas [motivações] para um melhor desempenho.
Acessibilidade	Em um bom *game*, todos os jogadores têm o mesmo acesso aos recursos e às informações, e, embora o progresso possa variar, há uma oportunidade contínua de aprender habilidades para o domínio de todas as fases do jogo, argumenta o professor Dave Guymon, que acrescenta: "Como os bons *designers* de jogos, os professores devem estruturar o ambiente e o processo de aprendizagem para oferecer igualdade de acesso à informação e aos recursos necessários para que os alunos tenham sucesso na aprendizagem".
Aprendizado profundo	"Alguns programas inovadores e adaptativos de aprendizagem baseados em jogos incorporam elementos-chave da avaliação de desempenho", disse Tim Hudson, da Dreambox. "Estes programas oferecem aos alunos situações novas e desconhecidas que estimulam o pensamento crítico e a resolução de problemas estratégicos para atingir metas desafiadoras e significativas."

Fonte: Elaborado com base em Ark (2014).

Com base nessas considerações, torna-se fundamental mencionar que a gamificação passou a ser pensada como recurso de personalização no ensino e na aprendizagem em ambientes virtuais devido a um fator: em meio a tantos avanços da ciência e da tecnologia, o meio impresso de transmissão de conhecimento não é mais tão procurado, sendo comum ver estudantes utilizando seus aparelhos tecnológicos dentro da sala de aula. Diante desse contexto, é primordial estabelecer a relevância de adotar processos de gamificação para personalizar as trilhas de aprendizagem.

Ao recorrer à linguagem dos *games*, os professores podem gerar ações motivacionais para fazer os estudantes se sentirem desafiados a aprender, ou seja, é possível correlacionar competências e objetivos gerais e específicos que possam ser mensuráveis a uma trilha definida por regras. Dessa forma, estabelece-se a premissa da interatividade e da tomada de decisão com presença de *feedback*, essencial para o acompanhamento da aprendizagem, e o engajamento para a evolução da passagem de fases ou de conteúdos mais complexos.

Figura 7.5 Alguns elementos de jogos utilizados na gamificação.

Assim, adotar a gamificação como parte do processo de aprendizagem, por meio da personalização de trilhas de aprendizagem, não só auxilia em uma melhor aprendizagem, como também produz *feedbacks* essenciais para realizar mudanças durante o ensino. Utilizando elementos de jogos, portanto, a gamificação faz os conteúdos serem alcançados de forma interativa, além de promover o compartilhamento de conteúdos especializados, como, por exemplo, em um jogo de perguntas.

Na Figura 7.6, apresentamos um jogo de investigação forense produzido pela empresa de soluções educacionais SAGAH para a disciplina de biologia molecular. A sequência de imagens da reconstituição de uma cena de crime, que representa a situação-problema, além de promover a interatividade e a tomada de decisão, é apresentada dentro da trilha de aprendizagem por meio do recurso de realidade aumentada, o que aproxima ainda mais o aluno da teoria e da prática e de uma experiência diferenciada com o conteúdo.

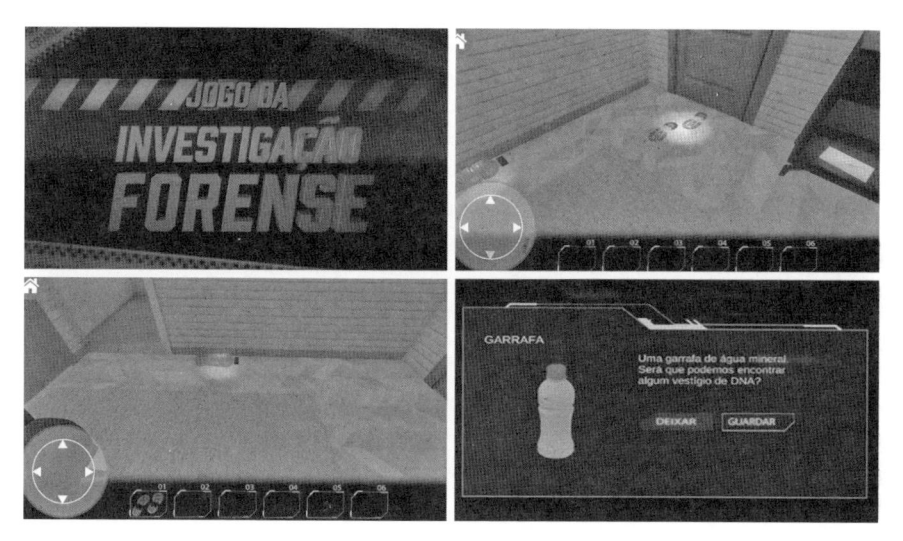

Figura 7.6 Jogo da investigação forense.
Fonte: SAGAH.®

Ainda, a gamificação é capaz de promover o envolvimento do estudante na resolução de problemas, significando aquilo que ele está aprendendo, e permite que o professor elabore estratégias de ensino que estejam mais adequadas às demandas dos alunos, aproximando-se cada vez mais da linguagem e da estética dos *games* (ALVES; MINHO; DINIZ, 2014).

É interessante ressaltar, além disso, que a própria gamificação pode ter recursos de personalização em seu interior, como quando o aluno transforma itens de seu jogo com base em seus interesses. Entretanto, mesmo que isso seja possível, é importante utilizar esse recurso com cautela, já que muitas opções em uma personalização podem desmotivar o aluno. Com isso, todas as mudanças com traços de personalização escolhidas em meio à gamificação devem ser feitas gradualmente (ZICHERMANN; CUNNINGHAM, 2011). Um ponto de atenção para a adoção de trilhas de aprendizagem com recursos gamificados está em sempre observar a intencionalidade pedagógica empenhada para dinamizar a aprendizagem dos estudantes, de forma que a intencionalidade esteja alinhada aos objetivos e às competências almejadas em todo o processo de aprendizagem.

ALGUMAS CONSIDERAÇÕES

Neste ponto, cabe levantarmos algumas reflexões sobre o tema, diante de uma nova realidade que tem dependido cada vez mais de recursos tecnológicos para o ensino e a aprendizagem. De início, vale lembrar da consideração feita por Delors (1996), na qual o autor cita o fato de que a educação deve estar sempre em processo de adaptação, acompanhando as transformações da sociedade sem deixar de transmitir as aquisições e os saberes frutos da experiência humana. Com isso, o cenário atual no qual o mundo se encontra reflete essa adaptação e requer que os ambientes educativos estejam preparados para a mudança, de forma que diminuam ao máximo a possibilidade de exclusão por conta do digital, buscando, também, saídas para uma maior equidade e contemplando ações que explorem outras competências essenciais nos estudantes.

Preparado para a nova geração de ambientes virtuais?

Na gamificação, segundo Alves (2015), existem três principais benefícios de aplicabilidade que podem ser mensuráveis: acelerar a velocidade para alcançar o mercado; promover um produto; e aumentar o engajamento dos clientes.

Arriscamo-nos a fazer a mesma correlação, mas a trazemos para a realidade educacional dos ambientes virtuais. Existem três principais características, listadas a seguir, que podem facilitar a aprendizagem e aproximar o aluno da realidade profissional, promover uma aprendizagem prazerosa e significativa e aumentar o engajamento dos alunos:

1. Mediação humanizada;
2. Conteúdos por competências;
3. Avaliação entre pares.

A nova geração de ambientes virtuais deve permitir a aprendizagem colaborativa (Figura 7.7), dando autonomia para a construção de percursos de aprendizagem a partir do perfil dos alunos e inteligência analítica para o acompanhamento e mediação dessa aprendizagem por parte do professor.

É fundamental, portanto, pensar nas competências digitais necessárias para que a educação encontre seu espaço de adaptação e crie ambientes educacionais de qualidade, pensados de forma a incluir a todos. Aqui, o digital vai servir para auxiliar instituições no desenvolvimento de práticas de ensino e aprendizagem e na promoção de uma elevada qualidade de ensino, em que todos tenham lugar. É em meio a essa relação que os professores devem entender seus papéis e compreender como usar a tecnologia a seu favor em diferentes momentos, possibilitando a criação de novos ambientes de aprendizagem e o alcance de objetivos pedagógicos.

O que explorar?

- Atividades ativas
- Trilhas de aprendizagem
- Competências
- Personalização
- Aprendizagem adaptativa
- Gamificação
- *Learning analytics*

Figura 7.7 Aprendizagem colaborativa.
Fonte: Shutterstock (https://www.shutterstock.com/pt/image-vector/follow-me-social-business-theme-design-320265029).

Sendo assim, as trilhas de aprendizagem aparecem como uma importante ferramenta, já que, quando adotadas em espaços virtuais equipados de recursos, permitem a flexibilização de integração e o desenvolvimento de modelos de cursos e competências. Essa medida é capaz de enriquecer a experiência no desenvolvimento de um curso e na proposição de conteúdo, entregando um maior engajamento dos estudantes. Além disso, optar pelo uso de trilhas de aprendizagem com a possibilidade de personalização torna possível o reconhecimento das características e das necessidades individuais dos alunos para a escolha de conteúdo, sem mencionar o fato de ser possível alterar o rumo da aprendizagem se for detectada uma mudança de comportamento por parte do estudante.

Ao refletir sobre os modelos educacionais que combinam diferentes espaços de aprendizagem, podemos observar alguns benefícios, citados no Quadro 7.2.

QUADRO 7.2 Alguns benefícios de modelos educacionais que combinam diferentes espaços de aprendizagem

- **Flexibilidade e extensão dos espaços de aprendizagem**, melhorando a qualidade do ensino e da aprendizagem.
- **Acesso a recursos e materiais globais** que atendem ao nível de conhecimento e interesse dos alunos. Os alunos podem explorar uma variedade de atividades.
- Respeito ao **ritmo individualizado** e ao **estilo de uso** do ambiente virtual.
- Capacidade dos alunos de **acompanhar seu progresso**.
- **Interações mais eficazes** entre os alunos e os professores com o uso de tecnologias digitais.

Fonte: Teach Thought (2016, documento *on-line*).

Instituições de ensino superior e professores: estejam preparados

Procuramos mostrar até aqui os benefícios da personalização, da gamificação e das trilhas de aprendizagem, suas características e contribuições. No entanto, é importante avaliar alguns requisitos para sua operacionalização. Na Figura 7.8, compartilhamos alguns itens que devem ser considerados no momento do planejamento para que a execução ocorra com o mínimo impacto possível no percurso formativo do aluno e para que este perceba a mudança pedagógica de maneira positiva.

Visibilidade	Prioridade	Autonomia
Personalização	Necessidades do estudante/turma	Trilhas de aprendizagem
Aprendizagem adaptativa	Pré-requisitos	Critérios e formas de avaliação
Gamificação	Recomendação do que priorizar	Preferência pelos recursos
Portfólios	Assertividade no *feedback*	Colaboração e interação (*peers*)
Dados e progresso	Competências em foco	Consciência do progresso/*performance*

Figura 7.8 O que considerar no momento do planejamento.
Fonte: Adaptada de Teach Thought (2016, documento *on-line*).

E para os alunos? Qual é a motivação?

Entendendo a importância das trilhas de aprendizagem e da personalização, é válido apontar a opção da gamificação como mais um recurso para desenvolver melhores trilhas e buscar o engajamento dos alunos. Além de poder ser vista como uma personalização por meio de *games,* a gamificação pode ser personalizada em itens de jogos, a partir do interesse de cada estudante. Entretanto, ainda que isso seja bem valioso para os processos de ensino e aprendizagem, a gamificação deve ser pensada de modo a não exigir tantas escolhas do aluno, já que ele pode se sentir desmotivado diante das muitas opções de recursos dentro do *game*.

Enfim, podemos reconhecer o contexto da pandemia da covid-19 como um intensificador do processo de aprendizagem virtual que faz muitos educadores que ainda não adotavam estratégias para personalizar a aprendizagem e/ou simplesmente faziam uso de recursos tecnológicos em suas práticas pensarem sobre suas implicações. Ao compreenderem o novo cenário educacional em expansão e entenderem o seu papel como profissionais, o foco passa a ser adquirir as competências necessárias para adotar os melhores ambientes virtuais, a fim de desenvolver trilhas de aprendizagem adequadas para cada estudante.

REFERÊNCIAS

ALVES, F. *Gamification:* como criar experiências de aprendizagem engajadoras: um guia completo do conceito à prática. 2. ed. São Paulo: DVS, 2015.

ALVES, L. R. G.; MINHO, M. R. S.; DINIZ, M. V. C. Gamificação: diálogos com a educação. In: FADEL, L. M. *et al.* (org.). *Gamificação na educação.* São Paulo: Pimenta Cultural, 2014. cap. 3, p. 74–97.

ARK, T. V. *8 principles of productive gamification.* 2014. Disponível em: http://www.gettingsmart.com/2014/02/8-principles-productive-gamification/. Acesso em: 16 fev. 2021.

AUSUBEL, D. P. *The psychology of meaningful verbal learning.* New York: Grune & Stratton, 1963.

BRUSILOVSKIY, P. The construction and application of student models in intelligent tutoring systems. *Journal of Computer and Systems Sciences International*, v. 32, n. 1, p. 70–89, 1994.

CAYA, R.; JOSÉ NETO, J. Personalização, "Customização", Adaptabilidade e Adaptatividade. In: WTA 2016 WORKSHOP DE TECNOLOGIA ADAPTATIVA, 10., 2016, São Paulo. *Memórias* [...]. São Paulo: USP, 2016 p. 52–59, 2016.

CHOU, Y. *Gamification examples:* the fully comprehensive list. 2021. Disponível em: http://www.yukaichou.com/gamification-examples/. Acesso em: 16 fev. 2021.

DELORS, J. (coord.). *Educação:* um tesouro a descobrir. Lisboa: Asa, 1996.

DOMÍNGUEZ, A. *et al.* Gamifying learning experiences: practical implications and outcomes. *Journal Computers & Education*, v. 63, p. 380–392, 2013.

DOUMANIS, I. *et al.* The impact of multimodal collaborative virtual environments on learning: a gamified online debate. *Computers & Education*, v. 130, p. 121–138, 2019.

FISCHER, B. T. D. Docência no ensino superior: questões e alternativas. *Educação*, v. 32, n. 3, p. 311–315, 2009.

FLORIDI, L. (ed.). *The online manifesto:* being a human in a hyperconnected era. New York: Springer, 2015.

GOMES, P. Diferenciar, individualizar e personalizar o ensino. *Porvir*. 2012. Disponível em: http://porvir.org/diferenciar-individualizar-personalizar-ensino/20120822/. Acesso em: 16 fev. 2021.

GRAF, S. *et al. Intelligent and adaptive learning systems:* technology enhanced support for learners and teachers. Hershey: Information Science Reference, 2012.

JIANG, D.; ZHANG, L. J. Collaborating with 'familiar' strangers in mobile-assisted environments: the effect of socializing activities on learning EFL writing. *Computers & Education*, v. 150, 2020.

KAPP, K. M.; BLAIR, L.; MESCH, R. *The gamification of learning and instruction fieldbook:* ideas into practice. San Francisco: Wiley, 2014.

KATSIFLI, D. *Reasons to care about adaptive online learning.* 2017. Disponível em: http://blog.blackboard.com/adaptive-online-learning/?lang=uk. Acesso em: 16 fev. 2021.

LENCASTRE, J. A. Metodologia para o desenvolvimento de ambientes virtuais de aprendizagem: development research. In: MONTEIRO, A.; MOREIRA, J. A.; ALMEIDA, A. C. (ed.). *Educação online*: pedagogia e aprendizagem em plataformas digitais. Santo Tirso: De Facto, 2012. p. 45-54.

LIAW, S.; CHEN, G.; HUANG, H. Users' attitudes toward web-based collaborative learning systems for knowledge management. *Computers & Education*, v. 50, n. 3, p. 950–961, 2008.

OTA, M. A.; ARAÚJO JR., C. F. Tendências para utilização de sistemas de aprendizagem adaptativa no contexto educacional. *Revista Espacios*, v. 38, n. 5, 2016. Disponível em: http://www.revistaespacios.com/a17v38n05/a17v38n05p13.pdf. Acesso em: 8 mar. 2021.

ROSEN, Y.; WOLF, I.; STOEFFLER, K. Fostering collaborative problem solving skills in science: the Animalia project. *Computers in Human Behavior*, v. 104, 2020.

SAGAH. *Portfólio de Unidades de Aprendizagem.* Porto Alegre: SAGAH, c2021. Disponível em: https://sagah.grupoa.com.br/. Acesso em: 12 abr. 2021.

SILVA, R. S. *Moodle para autores e tutores.* 2. ed. São Paulo: Novatec, 2011.

TAFNER, E. P.; TOMELIN, J. F.; MÜLLER, R. B. Trilhas de aprendizagem: uma nova concepção nos ambientes virtuais de aprendizagem - AVA. *In:* CONGRESSO INTERNACIONAL ABED DE EDUCAÇÃO A DISTÂNCIA, 18., 2012, São Luís. *Anais* [...] São Paulo: ABED, 2012.

TEACH TOUGHT. The benefits of blended learning. 2016. Disponível em: https://www.teachthought.com/technology/the-benefits-of-blended-learning. Acesso em: 12 abr. 2021.

ZICHERMANN, G.; CUNNINGHAM, C. *Gamification by design:* implementing game mechanics in web and mobile apps. Sebastopol: O'Reilly Media, 2011.

8

Ferramentas para impulsionar a aprendizagem virtual

Fernanda Furuno
Karina Nones Tomelin
Luciana Santos

O uso da tecnologia educacional para desenvolver o aprendizado do estudante não é tema recente nas publicações relacionadas ao campo da educação, mas é inegável que sua intensidade foi potencializada em 2020 por conta da necessidade do ensino remoto ocasionada pela covid-19.

A principal provocação que propomos neste capítulo é pensar a intencionalidade da prática docente na utilização desses recursos. Quais são as necessidades dos processos de ensino e aprendizagem que estão sendo atendidas e como o professor pode diagnosticar e selecionar a melhor ferramenta para auxiliar o aluno no desenvolvimento da sua aprendizagem?

Sabemos que novas competências docentes, principalmente relacionadas à fluência digital, têm sido requeridas para o professor 5.0, mas como essa necessidade tem se revelado no processo de formação do docente? O que os professores têm buscado e como, no novo cenário de aprendizagem no qual são protagonistas, constroem novos conhecimentos? Todo esse contexto nos convida a evidenciar quais as ferramentas e os recursos tecnológicos que estão impactando positivamente as práticas pedagógicas do professor e gerando motivação e engajamento dos estudantes no decorrer das aulas.

POR ONDE COMEÇAR?

Quando pensamos no conceito de *ferramenta*, o que vem à mente é um conjunto de recursos ou objetos cujo foco é facilitar a execução de alguma tarefa. No contexto pedagógico, as ferramentas têm o objetivo de facilitar a aprendizagem e, com a evolução tecnológica, precisam estar disponíveis e ser ampliadas para melhorar os processos de ensino e aprendizagem. A questão que se põe aqui, no entanto, é como selecionar as melhores. Ou todas as ferramentas são adequadas às necessidades e a todos os objetivos surgidos no contexto dos processos de ensino e aprendizagem? Por onde, então, devemos começar ao refletir sobre a infinidade desses recursos disponíveis para melhorar a aprendizagem dos estudantes?

Do ponto de vista da gestão, é preciso avaliar se os inúmeros recursos ou plataformas disponíveis no mercado são adequados e justificam os prováveis investimentos que muitas vezes requerem; se estão em sintonia com a missão e a filosofia institucional; se atendem às necessidades demandadas pelo perfil do egresso; e se oferecem possibilidade de renovação permanente para acompanhar as inovações do mercado.

Em outras palavras, as plataformas ou os recursos selecionados devem apoiar o desenvolvimento estratégico da instituição de ensino superior (IES), assim como devem ser aderentes à proposta pedagógica institucional. Na busca para responder à pergunta sobre por onde começar quando o assunto é ferramenta, listamos, a seguir, três aspectos fundamentais que precisam ser considerados.

1. **Identidade metodológica:** a identidade da proposta pedagógica auxilia na clareza dos recursos a serem utilizados, na coerência, no padrão dos processos educativos e dos resultados do processo avaliativo. A identidade metodológica é institucional e deve estar descrita nos planos pedagógicos, que, por sua vez, precisam estar contemplados no plano de ensino e se tornar reais pela prática pedagógica do professor.

2. **Intencionalidade pedagógica:** toda ferramenta cumpre um objetivo no processo educativo e, consequentemente, na formação do estudante. Quando a escolha das ferramentas está alinhada com o propósito de formação, os resultados serão mais efetivos. Nesse caso, o planejamento precisa determinar os objetivos dos processos de ensino e aprendizagem e o que se espera dos alunos ao longo do processo, para, assim, definir que ferramentas podem auxiliar no alcance desses objetivos.

3. **Formação de professores:** preparar professores para o melhor uso das ferramentas de aprendizagem é fundamental para garantir que os objetivos do processo educativo sejam alcançados. Nesse processo, o professor precisa

ter clareza das funcionalidades, da relação com a identidade metodológica, dos objetivos pedagógicos e dos benefícios dos recursos.

Desses aspectos relacionados, o professor tem muito a superar no processo, especificamente na falta de familiaridade com a cultura digital, uma vez que são imigrantes digitais enquanto seus alunos são nativos. Assim, a evidência dessa hierarquia de saberes tecnológicos pode gerar insegurança no docente e resistências ao seu uso. A atenção a esses pontos é fundamental para prever o melhor plano de ação e intervenção na implementação de um recurso. Conseguir evidenciar os benefícios e como a tecnologia pode ser parceira e apoiadora do professor nos processos de ensino e aprendizagem é essencial para conseguir uma adoção de sucesso, e é sobre isso que trataremos daqui por diante.

COMPETÊNCIAS E HABILIDADES TECNOLÓGICAS DO PROFESSOR 5.0

Quando pensamos em competências docentes para o professor 5.0, entendemos que elas vão além da utilização de recursos tecnológicos para o desenvolvimento de uma aula. O professor, conhecedor dos processos de ensino e aprendizagem, avalia, interpreta, relaciona e seleciona os recursos a partir do próprio diagnóstico da aprendizagem de seus estudantes. A partir disso, ele pode selecionar estratégias e recursos para potencializar o desenvolvimento dos seus alunos.

Segundo a Sociedade Internacional de Tecnologia na Educação (em inglês, International Society for Technology in Education [ISTE]), as competências tecnológicas do professor se dividem em cinco amplas práticas (INTERNATIONAL SOCIETY FOR TECHNOLOGY IN EDUCATION, c2008):

1. Facilitar e inspirar a aprendizagem e a criatividade dos alunos.
2. Projetar e desenvolver experiências e avaliações de aprendizagem digitais.
3. Modelar o trabalho e a aprendizagem na era digital.
4. Promover e modelar cidadania e responsabilidade digital.
5. Envolver-se no crescimento profissional e na liderança.

No entanto, outras competências também são requeridas, como o desejo de aprender e de ser protagonista de sua própria aprendizagem, manifestando curiosidade e criatividade. Nesse sentido, Moran (2020) já refletia sobre o papel do educador:

As mudanças na educação dependem, em primeiro lugar, de termos educadores maduros intelectual e emocionalmente, pessoas curiosas, entusiasmadas, abertas, que saibam motivar e dialogar. Pessoas com as quais valha a pena entrar em contato, porque dele saímos enriquecidos. (MORAN, 2000, p. 5).

Para isso, o professor pode se apoiar em metodologias ativas de ensino associadas aos recursos tecnológicos para o desenvolvimento de competências de aprendizagem. Nas metodologias ativas, o professor tem como função principal gerir os processos de ensino e aprendizagem, planejando as melhores atividades com foco nos melhores resultados dos seus alunos.

Nesse sentido, a prática pedagógica está enfatizada no aprender, e não no ensinar, ampliando o repertório de estratégias de ensino e aprendizagem e diversificando a experiência e a interação com o objeto de conhecimento. Portanto, as metodologias ativas, quando intencionalmente planejadas e associadas aos objetivos de aprendizagem, impulsionam o desenvolvimento de competências e habilidades que vão muito além dos conteúdos curriculares.

Embora seja relativamente comum na educação o uso dos termos "competências" e "habilidades", para fins deste capítulo é importante conceitualizá-los, uma vez que a fluência digital pressupõe, além do conhecimento tecnológico, a aplicação prática de recursos e ferramentas em vários contextos pedagógicos.

De acordo com Perrenoud (1999), "competência" é a capacidade de articular e mobilizar um conjunto de conhecimentos e recursos cognitivos, valores e atitudes, a fim de solucionar com pertinência e eficácia situações ou problemas postos em diversas circunstâncias. Ou seja, quando falamos em competências, não basta somente conhecer, é preciso transpor conhecimentos em situações reais da vida, sociedade e trabalho. Para isso, é necessário colocar em prática o que se aprende, mobilizando capital de conhecimento para resolver problemas em diversos contextos e situações.

Para exemplificar essas aplicações, apresentamos, a seguir, uma breve contextualização de algumas metodologias ativas, associando sua aplicação, suas ferramentas e suas competências (Quadro 8.1).

As ferramentas de aprendizagem, além de serem associadas a uma metodologia, também cumprem uma finalidade, como realização de diagnóstico e avaliação, repositório e *design* de conteúdo, encontros virtuais, gerenciamento de tempo e tarefas, interatividade e cooperação, entre outros. Na Figura 8.1, indicamos uma sugestão de utilização de recursos associado a uma dessas finalidades.

QUADRO 8.1 Principais metodologias ativas de aprendizagem

Contextualização	Aplicação	Ferramentas	Competências gerais
APRENDIZAGEM BASEADA EM PROBLEMAS			
Nesse tipo de abordagem, os alunos se deparam com um problema que os mobiliza na busca de possíveis soluções. Dessa forma, pode-se dizer que a curiosidade é a base para a elaboração de perguntas, sendo importante que estas envolvam o cotidiano do estudante, o objeto de conhecimento e a sua realidade.	Individual ou em pequenos grupos	• Google Jamboard • Google Formulários • Edpuzzle • Realidade virtual e aumentada • DreamShaper • Blackboard Colaborate	• Pensamento crítico • Comunicação • Argumentação • Criatividade • Empatia
APRENDIZAGEM POR PROJETOS			
Abordagem que tem como princípio o desenvolvimento de competências por meio da interação e do compartilhamento de conhecimento, sendo o desafio originado no contexto dos estudantes, que realizam tarefas e atividades contextualizadas.	Preferencialmente em grupo	• Mentimeter • Pickers • Padlet • Google Slides • Microsoft Teams • Google Classroom • DreamShaper • Beformless	• Colaboração • Comunicação • Trabalho em equipe • Criatividade • Liderança
APRENDIZAGEM POR COMPETÊNCIAS E HABILIDADES			
Abordagem que permite a interação e a colaboração entre os estudantes em processos de compartilhamento de ideias, opiniões, argumentações e outros formatos de troca de conhecimento.	Em grupos ou pares	• Fóruns de interação • Google Chat • Comunidades virtuais • Blackboard Colaborate	• Empatia e cooperação • Comunicação • Criatividade • Argumentação
APRENDIZAGEM ENTRE PARES			
Abordagem que permite a interação, avaliação e a colaboração entre estudantes e professores em processos de compartilhamento de ideias, opiniões, argumentações e outros formatos de troca de conhecimentos.	Em grupos ou pares	• Fóruns de interação • Google Chat • Comunidades virtuais • SAGAH	• Empatia e cooperação • Comunicação • Criatividade • Argumentação
SALA DE AULA INVERTIDA			
Os estudantes têm acesso aos conteúdos previamente organizados e disponibilizados pelo professor. Dessa forma, o tempo da aula síncrona é utilizado pelo professor para apresentar atividades capazes de gerar engajamento, interações, debates e outras formas de interações e práticas.	Individual	• Ambientes virtuais de aprendizagem • Google Groups • Telegram • WhatsApp • SAGAH	• Autogestão da aprendizagem • Autonomia • Pensamento crítico • Comunicação

Diagramação: B42.

FERRAMENTAS DE APRENDIZAGEM

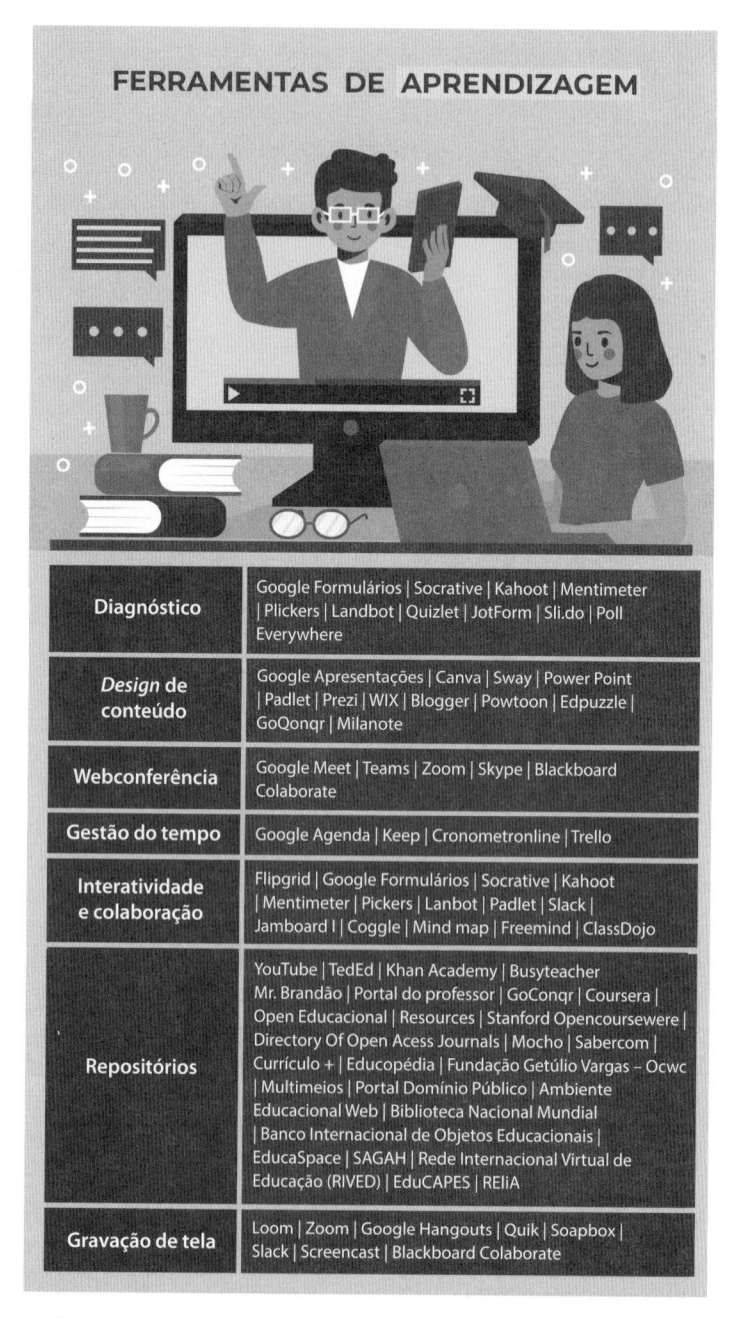

Diagnóstico	Google Formulários | Socrative | Kahoot | Mentimeter | Plickers | Landbot | Quizlet | JotForm | Sli.do | Poll Everywhere
Design de conteúdo	Google Apresentações | Canva | Sway | Power Point | Padlet | Prezi | WIX | Blogger | Powtoon | Edpuzzle | GoQonqr | Milanote
Webconferência	Google Meet | Teams | Zoom | Skype | Blackboard Colaborate
Gestão do tempo	Google Agenda | Keep | Cronometronline | Trello
Interatividade e colaboração	Flipgrid | Google Formulários | Socrative | Kahoot | Mentimeter | Pickers | Lanbot | Padlet | Slack | Jamboard I | Coggle | Mind map | Freemind | ClassDojo
Repositórios	YouTube | TedEd | Khan Academy | Busyteacher Mr. Brandão | Portal do professor | GoConqr | Coursera | Open Educacional | Resources | Stanford Opencoursewere | Directory Of Open Acess Journals | Mocho | Sabercom | Currículo + | Educopédia | Fundação Getúlio Vargas – Ocwc | Multimeios | Portal Domínio Público | Ambiente Educacional Web | Biblioteca Nacional Mundial | Banco Internacional de Objetos Educacionais | EducaSpace | SAGAH | Rede Internacional Virtual de Educação (RIVED) | EduCAPES | REliA
Gravação de tela	Loom | Zoom | Google Hangouts | Quik | Soapbox | Slack | Screencast | Blackboard Colaborate

Figura 8.1 Ferramentas de aprendizagem.
Diagramação: B42.

Na corrida contra o tempo a fim de garantir o andamento das atividades pedagógicas, escolas e universidades buscaram diferentes recursos para adaptar suas metodologias para o sistema remoto durante a pandemia. O consórcio Sthem Brasil (2020), com mais de 15 mil professores associados, realizou uma pesquisa com os gestores de 46 instituições de ensino superior no período de 05 de abril a 05 de maio de 2020, buscando conhecer quais plataformas as instituições estavam adotando no período da pandemia. As três mais citadas foram Google, Blackboard e plataforma própria, porém metade das instituições afirmou utilizar mais de uma plataforma simultaneamente (Figura 8.2).

Figura 8.2 Exemplos de ambientes virtuais de aprendizagem utilizados por IES.
Diagramação: B42.

Esses dados mostram como a urgência na resolução de um problema exige adaptações com os recursos disponíveis no momento. As redes sociais são um exemplo disso. Segundo o Instituto Península (2020), em pesquisa realizada com 7.773 professores, 83% deles utilizou o WhatsApp como forma de contato com os estudantes no período da pandemia. Além disso, 74% informaram que gostariam de receber formação na área do ensino a distância. Esse movimento levou os professores a buscar autoformação na própria *web*.

Práticas digitais docentes adotadas no ensino remoto

No período em que este capítulo foi escrito, a covid-19 forçou o fechamento de escolas e universidades em todo o mundo. Considerando essa situação, grande parte dos estudantes e docentes presenciais migraram para uma experiência digital, muito nova para vários deles, gerando o compartilhamento de saberes, dicas e experiências de forma exploratória e empática sem registro até então. No decorrer do processo, iniciativas para a conexão entre os professores com outros profissionais da educação do País, ainda que isoladas, foram se tornando estratégicas para o apoio docente e seu autodesenvolvimento.

Uma dessas iniciativas foi desenvolvida pela DreamShaper, uma ferramenta *on-line* para a aprendizagem baseada em projetos. Pensando em auxiliar e aproximar a comunidade educacional "remota", realizou uma websérie *on-line* colaborativa, que reuniu cerca de 35 docentes convidados e mobilizou outros milhares em suas sessões ao vivo. Como resultado, um *e-book* colaborativo foi lançado, contendo as principais **dicas relacionadas ao uso de ferramentas digitais**, detalhadas a seguir (DREAMSHAPER, c2020):

1. **Diagnostique**: conheça bem os seus alunos, suas realidades, suas possibilidades e seus potenciais para que possa trabalhar com metodologias e ferramentas que garantam a inclusão e o engajamento, e escute suas demandas e necessidades.
2. **Planeje**: planejamento é essencial, tanto de contextualização, definição de objetivos e metas de aprendizagem, organização, como de diversidade de recursos (tecnológicos ou não) para a formação de uma trilha de aprendizagem mais significativa.
3. **Engaje**: crie experiências que possam engajar os alunos, envolvendo, por exemplo, resolução de problemas da comunidade.
4. **Conecte**: tendo as ferramentas como meio, os estudantes precisam perceber os benefícios que elas trazem para que possam atingir seus objetivos, utilizando-as tanto no contexto educacional quanto nos contextos profissional e/ou pessoal.
5. **Teste**: só utilize recursos que você já tenha testado. É um grande risco utilizar ferramentas sem observar as suas limitações e/ou *bugs* que possam prejudicar sua aplicação, desmotivando os alunos.
6. **Comunique**: a comunicação clara e explicativa sobre objetivos e metodologia, com descrição de etapas, é essencial para que os alunos possam acompanhar e realizar as atividades propostas. Estimule que os alunos também utilizem a comunicação para interagir durante as atividades e apresentem os resultados ao final.
7. **Estimule**: incentive a curiosidade dos alunos e ensine-os a serem curadores de recursos e conteúdos para que possam colaborar com as aulas. Oriente-os sobre fontes confiáveis e torne as aulas mais colaborativas.
8. **Avalie**: faça pesquisas de satisfação com os alunos, coletando *feedbacks* das atividades propostas e das ferramentas utilizadas.

9. **Colecione**: com base nas experiências realizadas, crie seu portfólio de atividades, descrevendo oportunidades de aplicação, avaliação e resultados, e aprenda sempre.

10. **Compartilhe**: ensinar o que aprendeu a outro professor é uma forma de aprender ainda mais e ampliar o próprio repertório de ferramentas e recursos.

Essas dicas trazem situações que permeiam os universos presencial, *on-line* e híbrido, são pragmáticas e fáceis de executar e, se incorporadas no dia a dia, trarão resultados junto aos alunos cada vez mais inspiradores e produtivos.

CONSIDERAÇÕES FINAIS

O objetivo deste capítulo foi apresentar ferramentas e recursos tecnológicos para impulsionar a aprendizagem virtual, selecionados e planejados a partir dos objetivos de aprendizagem e da intencionalidade pedagógica do professor.

Para tanto, nossas reflexões envolveram um processo de curadoria e sistematização de recursos e ferramentas tecnológicas sem deixar de associá-los a diferentes metodologias ativas, aplicadas a currículos mais flexíveis, considerando a experiência do ensino remoto emergencial no contexto da covid-19.

Ao abordar aplicações metodológicas em uma perspectiva mais ativa, ressaltamos a necessidade de colocar o estudante no centro da aprendizagem, em vez dos conteúdos, ou a dinâmica de aulas expositivas, mesmo que mediadas por tecnologias, como nos modelos tradicionais. Nesse sentido, a fluência digital se mostra relevante no desenvolvimento de novas competências e habilidades, tanto no professor quanto no estudante.

A apresentação de dados de pesquisas realizadas na ausência das aulas presenciais no período do ensino remoto emergencial mostra a urgência de um processo contínuo de formação de professores que seja capaz de conectar o uso de tecnologias (recursos e ferramentas), metodologias e práticas pedagógicas como componentes integradores, e não como componentes complementares das matrizes curriculares. O impacto dessas ações é estrutural e, no contexto dicotômico virtual/presencial, explicitou uma necessidade importante a ser atendida pelas IES na experiência de aprendizagem do estudante daqui para a frente.

Para finalizar, as dicas relacionadas ao uso de ferramentas digitais podem ser entendidas como um ciclo de aprendizagem, com ações práticas e orientadoras, que apresentam possibilidades reais de interações centradas na experiência virtual, tão necessárias no atual contexto de reorganização dos modelos curriculares da educação superior.

REFERÊNCIAS

DREAMSHAPER. *Educador 5.0:* mais de 150 dicas de professor para professor. DreamShaper. c2020. Disponível em: https://dreamshaper.com/br/ebook-educador-5-0/. Acesso em: 10 fev. 2021.

INSTITUTO PENÍNSULA. *Sentimento e percepção dos professores brasileiros nos diferentes estágios do coronavírus no Brasil.* São Paulo: Instituto Península, 2020. Disponível em: https://institutopeninsula.org.br/wp-content/uploads/2020/05/Covid19_InstitutoPeninsula_Fase2_at%-C3%A91405-1.pdf. Acesso em: 10 fev. 2021.

INTERNATIONAL SOCIETY FOR TECHNOLOGY IN EDUCATION. *The ISTE National Educational Technology Standards (NETS-T) and performance indicators for teachers.* ISTE. c2008. Disponível em: https://www-s3-live.kent.edu/s3fs-root/s3fs-public/file/ISTEstandards_0.pdf. Acesso em: 10 fev. 2021.

MORAN, J. *Mudar a forma de ensinar e aprender:* transformar as aulas em pesquisa e comunicação presencial-virtual. Interações, v. 5, n. 9, p. 57–72, 2000. Disponível em: http://www.eca.usp.br/prof/moran/site/textos/tecnologias_eduacacao/uber.pdf. Acesso em: 10 fev. 2021.

PERRENOUD, P. *Construir as competências desde a escola.* Porto Alegre: Penso, 1999.

STHEM BRASIL. *Panorama das IES consorciadas no contexto da pandemia.* 2020. Disponível em: https://www.sthembrasil.com/wp-content/uploads/2020/07/Pesquisa_COVID_19_final.pdf. Acesso em: 10 fev. 2021.

Leitura recomendada

SILVA, P. K. L. A escola na era digital. *In:* ABREU, C. N.; EISENSTEIN, E.; ESTEFENON, S. G. B. (org.). *Vivendo esse mundo digital:* impactos na saúde, na educação e nos comportamentos sociais. Porto Alegre: Artmed, 2013. p. 132–141.

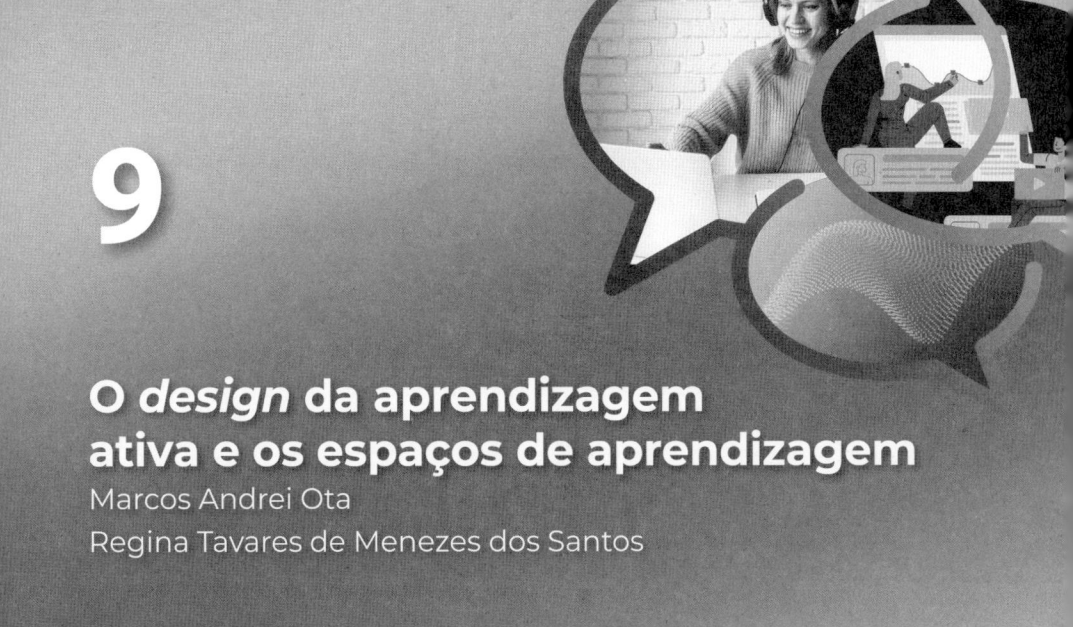

9

O *design* da aprendizagem ativa e os espaços de aprendizagem

Marcos Andrei Ota
Regina Tavares de Menezes dos Santos

CONTEXTO

O avanço da tecnologia e a consequente ampliação das possibilidades de acesso à informação vêm impactando os modos de aprender, com a relação entre aluno e conhecimento se tornando cada vez mais direta. Desse cenário, inevitavelmente emergiu uma necessidade de adaptação nos processos de aprendizagem.

Segundo Zwicker (2017), o aprender, hoje, não se atém a um espaço ou tempo determinados (sua riqueza é justamente a transposição de barreiras), tampouco a um detentor/transmissor de informações (as redes ofereceram acesso a elas de maneira quase ilimitada) e, muito menos, a um aluno passivo. Hoje, os espaços destinados à aprendizagem não se restringem apenas à sala de aula convencional.

Conectado a essa realidade e tendo como motivação repensar esses espaços de forma a impulsionar novas metodologias capazes de romper as barreiras da sala de aula tradicional, o Grupo Cruzeiro do Sul Educacional desenvolveu dois estudos de caso que serão abordados neste capítulo: um diz respeito ao *design* da aprendizagem ativa em cursos superiores híbridos, e o outro, ao ensino na educação básica.

Importa enfatizar que ambos os estudos foram ancorados por meio dos princípios e diretrizes da Cruzeiro do Sul Virtual, tendo em vista a promoção de ações pedagógicas inovadoras, baseadas em pesquisas científicas, e a oferta de programas de formação destinados tanto a alunos como a professores, com foco na atuação em ambientes virtuais de aprendizagem, com incentivo à comunidade acadêmica quanto ao uso de tecnologias educacionais e à aplicação de metodologias.

No ano de 2020, o contexto vivenciado mais uma vez se transformou, tendo como pano de fundo um cenário ilustrado pelo isolamento social ocasionado pela pandemia da covid-19. Essa realidade impulsionou ainda mais as necessidades fomentadoras dos estudos, uma vez que todos os docentes se depararam com dificuldades relacionadas não somente à falta de acesso aos meios digitais, mas também, e principalmente, à dependência em aprender algo apenas diante da "presença" do professor, em outras palavras, considerar o espaço físico da sala de aula como único lócus de estudo.

OBJETIVOS DA EXPERIÊNCIA

O foco adotado nos estudos foi traçado considerando os diferentes espaços de aprendizagem, evidenciando-se as formações docentes, com estratégias, aplicação de sequências didáticas empregando recursos/tecnologias digitais e *frameworks* a fim de combinar metodologias ativas e, ainda, apoiar os docentes no ensino remoto emergencial (p. ex., com o plano de aula assíncrona e síncrona).

Nesse sentido, nosso objetivo, de modo geral, foi a promoção de práticas pedagógicas inovadoras, tendo o professor como elemento-chave para a promoção do engajamento dos estudantes em um processo ativo e significativo para o desenvolvimento das competências desejadas em cada objetivo de aprendizagem. Os professores, apoiados ou não por tecnologia, abriram trilhas a serem percorridas tanto no ensino superior quanto na educação básica, originando, assim, o estudo de dois *cases*.

O *Case* 1 se refere ao ensino superior, tendo como objetivo criar um modelo pedagógico para atuação em cursos semipresenciais, evidenciando as formações docentes para atuação em diferentes espaços de aprendizagem (*on-line* e presencial).

O *Case* 2 está relacionado à educação básica, com foco na formação de professores e na adoção de recursos digitais, em especial estratégias para combinar metodologias ativas em diferentes espaços de aprendizagem. Teve por objetivo, também, a criação de programas para apoiar a atuação docente no ensino remoto emergencial, com a aplicação de sequência didática e plano de aula assíncrona e síncrona, a fim de trazer reflexões acerca das questões da avaliação de aplicação de metodologias ativas para o público-alvo dessa modalidade de ensino.

Além dos nossos objetivos, sem fugir do pretendido inicialmente, tivemos que nos aventurar para superar os obstáculos impostos pela realidade da pandemia da covid-19, uma vez que vivenciamos a reestruturação do *mindset* de nossos gestores, docentes, pais e estudantes em relação à educação, especialmente em relação às diferentes facetas reveladas no ensino remoto síncrono emergencial (ERSE), no ensino remoto síncrono e assíncrono – consolidado e presente nos níveis que transitam do infantil ao superior – e no ensino híbrido, este último referente aos cursos semipresenciais.

Assim sendo, com a intenção de criar alternativas para trazer o inovador e abrir "janelas" de reflexão docente para contemplarmos um mesmo caminho por diferentes prismas e poder selecionar o melhor recurso e a ferramenta mais adequada para tornar significativos nossos passos em direção à aprendizagem, em uma perspectiva colaborativa, mesmo nos deparando com "portas fechadas" e com uma paisagem redesenhada pelo medo e pela insegurança da pandemia, prosseguimos nosso trajeto. Transformamos esse obstáculo em degraus para diminuirmos ainda mais a distância entre a realidade e a concretização dos objetivos traçados, em um processo no qual inovar tornou-se algo fundamental, urgente e indispensável, ampliando a relevância dos nossos estudos, conforme elucidado a seguir.

DESCRIÇÃO DA EXPERIÊNCIA

Diante do contexto e dos objetivos já compartilhados, apresentamos os dois relatos de experimentos na formação dos docentes com base na aprendizagem ativa: um referente ao *design* da aprendizagem ativa em cursos superiores híbridos e o outro relacionado ao ensino na educação básica.

Para iniciar a caminhada, destacamos o Núcleo de Inovação Acadêmica (NIAC) do Grupo Cruzeiro do Sul Educacional como elemento propulsor de novas práticas pedagógicas e de inovação tecnológica, capaz de aproximar, cada vez mais, as várias instituições vinculadas ao grupo do papel contemporâneo da educação universitária, qual seja: formar protagonistas aptos a aprender continuamente e a aplicar o aprendido.

A primeira iniciativa realizada pelo NIAC, em 2018, foi o projeto Práticas pedagógicas inovadoras e a aprendizagem ativa, cujos resultados evidenciaram o desafio principal de impulsionar a multiplicação de metodologias ativas, com investimento em multiplicadores, de modo a agregar a formação específica (SANTOS; SOUZA; OTA, 2019).

Nas trilhas dessa caminhada, em junho de 2019, surgiu o *Case* 1, referente ao ensino superior, como iniciativa necessária a partir da construção de um novo modelo de cursos semipresenciais 4.0, a fim de sanar uma demanda do campo educacional no País, que carece de oferta de cursos em regiões mais remotas.

Além de tornar esse modelo um protótipo, pensamos em criar programas de formação docente para vencer esse desafio, com responsabilidade direcionada à equipe do NIAC, composta por professores de diferentes áreas, tendo como público-alvo os docentes do ensino superior.

Em consequência, o foco do nosso estudo percorreu trajetos capazes de proporcionar aos professores o uso das metodologias ativas nos roteiros que produziriam, tendo como base o material didático da disciplina do curso em que lecionavam, que estava disponível no ambiente virtual de aprendizagem, considerando o projeto pedagógico do curso e a matriz curricular, entre outros documentos. Tais ações permearam, então, um movimento de formações que ocorreram de modo personalizado no período de 2018 a 2020.

Nesse processo, as competências digitais trabalhadas subsidiaram as formações, considerando a atuação desse perfil docente em diferentes espaços de aprendizagem (*on-line*, *mobile* e presencial), e os programas de formação com metodologias ativas e temáticas específicas quanto ao uso de tecnologias para impulsionar a mediação dos processos de ensino e aprendizagem, o que foi intensificado também em razão das demandas geradas durante o isolamento social decorrente da covid-19.

Para tanto, conseguimos concretizar a criação de *frameworks* a fim de apoiar o planejamento das aulas síncronas e assíncronas, por meio do uso do alinhamento construtivo proposto e definido por Biggs e Tang (2011) como "modelo de ensino" (em inglês, *design for teaching*). Três conceitos são centrais quando o ensino fundamentado no alinhamento construtivo é planejado: resultados pretendidos da aprendizagem (em inglês, *intended learning outcome* [ILO]), atividades de ensino e aprendizagem (em inglês, *teaching and learning activities* [TLA]) e atividades de avaliação (em inglês, *assessment tasks* [AT]).

Importa notarmos que o alinhamento construtivo ocorre quando as atividades de ensino e aprendizagem e as atividades de avaliação estão alinhadas aos resultados pretendidos da aprendizagem, que são declarações sobre o que os alunos devem ser capazes de fazer ao término da aula e em qual nível.

Diante dessa fundamentação, nos momentos formativos ofertados, utilizamos sequência didática, consoante descrito a seguir, com alicerce nas ações de criar, participar, relatar e refletir:

- **Interação *mobile***: engajamento dos participantes, gerando reflexões a respeito dos conceitos de ensino e aprendizagem. Fase realizada por meio do aplicativo WhatsApp, no qual os docentes tinham desafios a serem cumpridos diariamente, com trocas de reflexões sustentadas por pílulas do conhecimento que eram enviadas ao longo da semana em forma de recursos audiovisuais.

- **Estudo no ambiente virtual**: momento de exploração e discussão dos temas para que os docentes compartilhassem experiências e lessem os materiais teóricos e as metodologias propostas e tivessem acesso aos demais recursos complementares disponibilizados, como vídeos e textos. No ambiente virtual, dois fóruns de discussão foram propostos, um abrangendo o relato de experiências e o outro, o compartilhamento de material.

    Nessa fase, contemplamos a aplicação de conceitos da sala de aula invertida, de modo a ampliar as atividades práticas do encontro presencial, intensificando discussões sobre os temas propostos. Em decorrência, visualizamos que, ao realizar atividades centralizadas no aluno, uma vez desenhado um novo modelo de curso híbrido, há a necessidade de acostumá-lo a um novo processo de aprendizagem, no qual é proativo e constrói, pouco a pouco, seu aprendizado juntamente ao professor.

- **Encontros presenciais:**
    - 1ª formação: após a divisão de todo o conteúdo em unidades de estudo, apresentamos aos docentes os conceitos de alinhamento construtivo e a Taxonomia SOLO (em inglês, *structure of observing learning outcome*; ou, na tradução para o português, estrutura dos produtos de aprendizagem observados), criados por Biggs e Tang (2011), de forma que eles se inteirassem sobre o assunto e enxergassem melhor a proposta da formação, e um *framework* destinado às roteirizações das aulas, oferecendo-lhes um modelo.

    Os professores realizaram debates sobre os níveis de aprendizagem esperados para cada aula, tendo sido um momento oportuno para que pudéssemos auxiliá-los diante do proposto para o projeto pedagógico, evitando, dessa maneira, que utilizassem os níveis incorretos nas aulas, principalmente em cursos mais complexos. A presença de coordenadores de cursos foi um dos pontos que enriqueceram a formação, pois eles tinham a visão do todo, desde a estrutura do curso até o mercado de trabalho.

    Quanto à Taxonomia SOLO, os autores Biggs e Tang (2011) tiveram como base princípios desenvolvidos por Piaget para a construção do conceito SOLO, que nomearam como "modos de pensamento", de acordo com Amantes e Borges (2008, p. 1), que explicam: "Na teoria SOLO um modo ou estágio não emerge em substituição de outro, mas surge de forma a coexistir com todos já existentes". Na Taxonomia SOLO, acredita-se que cada nível de aprendizagem é condição obrigatória para a aprendizagem futura (BRABRAND; DAHL, 2008). Os referidos níveis podem ser visualizados na Figura 9.1.

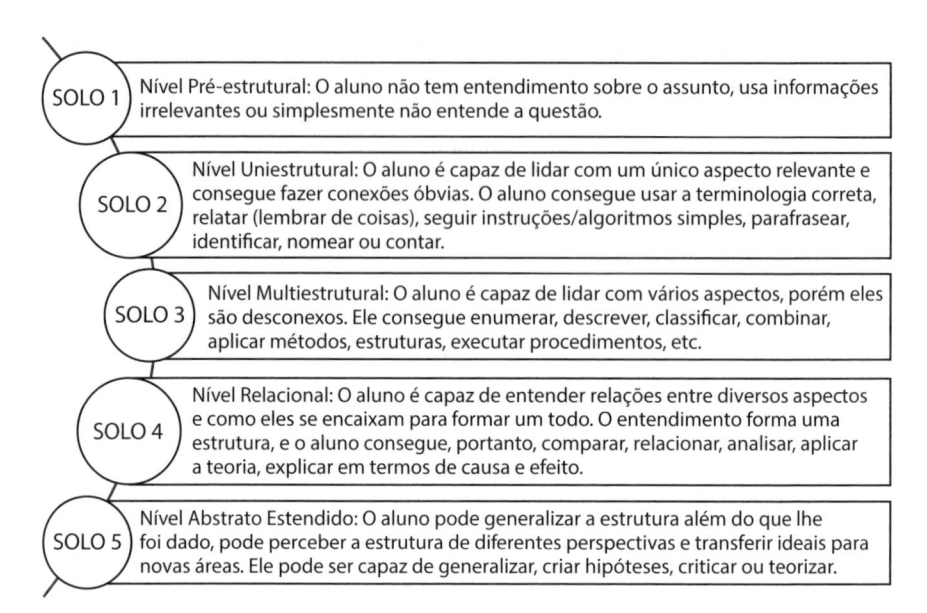

SOLO 1 — Nível Pré-estrutural: O aluno não tem entendimento sobre o assunto, usa informações irrelevantes ou simplesmente não entende a questão.

SOLO 2 — Nível Uniestrutural: O aluno é capaz de lidar com um único aspecto relevante e consegue fazer conexões óbvias. O aluno consegue usar a terminologia correta, relatar (lembrar de coisas), seguir instruções/algoritmos simples, parafrasear, identificar, nomear ou contar.

SOLO 3 — Nível Multiestrutural: O aluno é capaz de lidar com vários aspectos, porém eles são desconexos. Ele consegue enumerar, descrever, classificar, combinar, aplicar métodos, estruturas, executar procedimentos, etc.

SOLO 4 — Nível Relacional: O aluno é capaz de entender relações entre diversos aspectos e como eles se encaixam para formar um todo. O entendimento forma uma estrutura, e o aluno consegue, portanto, comparar, relacionar, analisar, aplicar a teoria, explicar em termos de causa e efeito.

SOLO 5 — Nível Abstrato Estendido: O aluno pode generalizar a estrutura além do que lhe foi dado, pode perceber a estrutura de diferentes perspectivas e transferir ideais para novas áreas. Ele pode ser capaz de generalizar, criar hipóteses, criticar ou teorizar.

Figura 9.1 Níveis na Taxonomia SOLO.
Fonte: Ota e Santos (2020).

- 2ª formação: o segundo momento, com os mesmos docentes, teve o tema "*design* de aprendizagem ativa", com foco em metodologias ativas. Para fixação, o uso de metalinguagem se fez presente. Por fim, chegou o momento de os docentes desenharem suas aulas.

Importa salientar que, para elaborarmos a formação em questão, zelamos pelo diálogo com os coordenadores de curso durante todo o planejamento, destacando que, após sua realização, foram aplicadas avaliações por meio do Microsoft Forms e propostas reflexões nos fóruns de discussão do ambiente virtual, entre outros.

Destacamos que, para avaliar as etapas da formação dos professores, utilizamos a mesma Taxonomia SOLO apresentada aos docentes como conceito a ser seguido durante o planejamento de suas aulas.

Além disso, considerando a relevância desses *frameworks* e dos recursos para planejar o *design* de uma aula ativa, os modelos utilizados serão compartilhados como anexos a este capítulo (ver *link* em Materiais e recursos, ao final deste capítulo).

Tendo esse mesmo pano de fundo, o *Case* 2, com movimento de formação iniciado em agosto de 2019, coincidiu com a questão da pandemia, e, paralelo ao que já estava em curso, nossa ação teve maior repercussão, com a criação de novas formações e a adaptação de novos recursos e *frameworks* para o ensino remoto, uma vez que foi necessário criar estratégias para o planejamento das aulas (sequência didática, orientação de como planejar uma webconferência, etc.), além de metodologias ativas para explorar os espaços de aprendizagem em momentos síncronos e assíncronos.

Para tanto, nosso estudo contou com 20 professores de quatro escolas particulares de São Paulo, sendo efetivado por meio da aplicação das etapas a seguir.

- **1ª fase – interação *mobile*:** com a disponibilização de conteúdo em forma de pílulas de conhecimento e desafios lançados durante uma semana, a fim de incentivar os professores nessa fase, trazendo à tona o engajamento e tendo como ação principal a criação de um grupo de WhatsApp constituído por todos os professores participantes da experiência.

    Após tomar conhecimento e interagir com essa proposta, os professores puderam compartilhar suas conclusões nos grupos de WhatsApp de suas próprias salas de aula, com vistas a oportunizar a reflexão futura sobre os espaços de aprendizagem nos quais ocorrem as aulas.

    É importante destacar que utilizamos também o material compartilhado como estratégia para aprofundar as metodologias ativas na reunião presencial.

    Além disso, nessa etapa, notamos que as atividades criadas promoveram o surgimento de algumas ideias sobre como ampliar estratégias para motivar e gerar engajamento do estudante em relação ao conteúdo.

- **2ª fase – formação presencial:** dividimos os professores em grupos da mesma área e realizamos um diagnóstico da aula para entendimento do nível de compreensão dos participantes sobre o tema, a fim de que fossem aplicadas diversas metodologias ativas de aprendizagem e recursos tecnológicos variados, de maneira dinâmica e personalizada, por meio de atividades práticas, com carga horária de 10 horas, em modelo presencial, sendo o conteúdo disponibilizado em forma de pílulas de conhecimento e desafios lançados.

    Como desdobramento dessa ação principal, diante das dúvidas apresentadas pelos professores, constatamos necessária a adaptação dessa etapa por meio da execução da explicação das tendências na educação contemporânea e dos diferentes tipos de ensino (individuais, diferenciados e personalizados) e da discussão de temáticas relacionadas a:

    - nova geração de ambientes virtuais de aprendizagem, chamados de *learning experience platform* (LXP), e o papel desses recursos na educação mista;

- importância em vincular os conteúdos ensinados aos alunos às habilidades do século XXI, tendo em vista a necessidade dessa geração ser pautada no uso dos recursos tecnológicos nos processos de ensino e aprendizagem e na prática pedagógica efetiva vinculada a esse contexto;
- relevância do aprendizado híbrido e as possibilidades proporcionadas pela modalidade, além da importância da sequência didática e seu auxílio no planejamento de aulas ativas.

Convém destacarmos o uso das seguintes metodologias ativas como base das discussões: aprendizagem baseada em problemas; aprendizagem baseada em pesquisa; experiência gamificada; mapeamento da mente; aprender fazendo; contação de histórias; estudo de caso; aprendizagem baseada em equipe; aprendizagem baseada em projetos; avaliação por pares; método Jigsaw; gráfico KWL (o que eu sei [*know*], o que eu quero saber [*wonder*], o que aprendi [*learned*]); e *six thinking hats model*.

Após essas explicações e discussões, as atividades práticas passaram a elucidar quais são as metodologias ativas e suas diferentes formas de aplicação no contexto estudado. Para extrair conceitos básicos dos participantes, fizemos algumas perguntas ao longo de três rodadas: a primeira de ordem conceitual, e as demais relacionadas a metodologias e recursos.

Com o objetivo de aprofundar o tema, aplicamos um quadro baseado nos princípios do alinhamento construtivo. Em seguida, foram apresentadas as camadas de aprendizagem ativa na educação básica, que representam três fases importantes para o planejamento de uma classe ativa: *design* (TLA), aplicação (AT) e resultados (ILO).

Para a validação da aprendizagem, compartilhamos uma estrutura denominada *Frayer Model*, uma técnica de verificação de aprendizagem com abordagem da metodologia dos 4C's (colaboração [*collaboration*], comunicação [*communication*], pensamento crítico [*critical thinking*] e criatividade [*creativity*]), no intuito de incentivar que os professores pensassem em formas de proporcionar pesquisas em sala de aula.

Como complemento, planejamos e colocamos em prática uma sequência didática dividida em quatro momentos: 1) problematização inicial; 2) organização do conhecimento; 3) aplicação do conhecimento; e 4) avaliação – termos de avaliação apresentados em caráter formativo, resumo, diagnóstico e individualizado –, sendo distribuídos, para a prática, pôsteres em toda a sala de aula para a apresentação dos trabalhos com a técnica *poster walk*.

Na atividade seguinte, propiciamos a construção de um painel e de *banners*/cartazes para que os professores pudessem definir objetivos de aprendizagem, perfil de classe, conteúdo e estratégia de atividade, utilizando os conceitos abordados durante a formação, tais como: dinâmica/condução; ambiente ou *tablet* de aprendizagem virtual; atividades no local e *on-line*; e configuração física ou virtual da sala.

Em seguida, realizamos a mediação em sala de aula e o uso de recursos tecnológicos para apoiar processos de ensino e aprendizagem, levantando questões como quais os meios para tornar salas de aulas mais dinâmicas. Além disso, os professores fizeram uma atividade que resultou na criação de uma estrutura para planejamento de aulas utilizando metodologias ativas.

- 3ª fase – momento *on-line*: ofertamos uma disciplina *on-line* criada em um ambiente virtual de aprendizagem com vários materiais de leitura, a fim de propiciar o aprofundamento do tema abordado com a criação e a abertura de um fórum de discussão para o compartilhamento entre os professores de práticas de sucesso desenvolvidas durante a formação.

RESULTADOS

O estudo, que se iniciou com intencionalidades voltadas à ampliação de práticas inovadoras tanto para o ensino superior quanto para a educação básica, de repente, mantendo o foco principal, teve de passar por alterações devido à necessidade de atender a demandas que transformaram, entre máscaras de proteção e álcool gel, possibilidades em único caminho para a interação. Em consequência, o isolamento, que literalmente fechou as portas do mundo, de forma paradoxal abriu as portas para a comunicação e a interação remotas, fazendo nascer, portanto, o ambiente propício para refletir e ampliar as práticas em uma perspectiva inovadora e necessária.

Diante disso, com ações formativas voltadas às práticas inovadoras, foi possível "formar ações", fornecendo aos professores condições para colocar em prática a aprendizagem ativa por meio dos conceitos e das teorias aprendidos em sua formação docente, de maneira que pudessem superar a ideia de que o aluno deve ser passivo ao receber o conhecimento unilateralmente por parte do professor, concretizando, assim, o foco norteador da experiência: a promoção de pedagogias inovadoras.

Desse modo, ante os dados qualitativos coletados a partir dos questionários aplicados, as informações mapeadas resultaram em ações voltadas à promoção de práticas pedagógicas rumo à aprendizagem significativa, a fim de se aproximar das necessidades dos alunos, levando em consideração as questões regionais, culturais, acadêmicas e profissionais das instituições ligadas ao Grupo Cruzeiro do Sul Educacional.

Com esse mapeamento, compreendemos nossa realidade institucional, ratificando a necessidade de desenvolver ações que possibilitassem ampliar o engajamento dos estudantes, por meio de práticas educacionais inovadoras, não apenas pela perspectiva tecnológica, mas por propostas disruptivas para o desenvolvimento de competências em nossos estudantes e professores.

Em suma, sendo identificados, inicialmente, alguns pontos de atuação e desafios para a discussão do NIAC – repensar os espaços de aprendizagem e as formas de avaliação; compreender o perfil dos estudantes; atuar na mudança do *mindset* docente para potencializar as práticas pedagógicas; e energizar/empoderar ativamente o estudante para a construção do seu conhecimento e das competências exigidas –, foi impulsionada a multiplicação de metodologias ativas, investindo nos multiplicadores, de modo a agregar a formação específica.

Os resultados alcançados impactaram o atendimento de mais de 2.000 professores, bem como motivaram publicações, livros e participações em eventos nacionais e internacionais expressivos, a criação do Portal EdTech (http://edtech.cruzeirodosulvirtual.com.br/) e, por fim, a criação de um modelo de formação docente, conforme mostra a Figura 9.2, representando a sistematização do modelo híbrido de formação docente, estruturado em três momentos e aplicado nos *cases* apresentados.

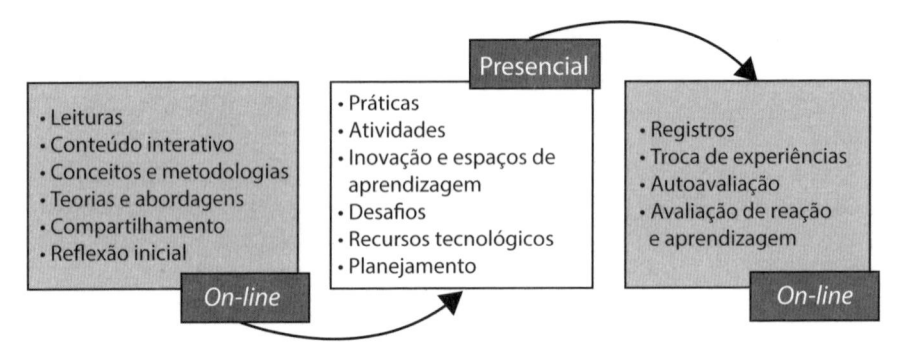

On-line	Presencial	On-line
• Leituras • Conteúdo interativo • Conceitos e metodologias • Teorias e abordagens • Compartilhamento • Reflexão inicial	• Práticas • Atividades • Inovação e espaços de aprendizagem • Desafios • Recursos tecnológicos • Planejamento	• Registros • Troca de experiências • Autoavaliação • Avaliação de reação e aprendizagem

Figura 9.2 Modelo de formação docente.

Nasceu, assim, o Modelo de Formação Docente, que, utilizando-se da oferta do conhecimento de forma híbrida, oportuniza aos professores a adoção de modelos de aprendizagem ativa por intermédio do uso de recursos extraclasse, aproveitando-se de novos métodos de ensino, estrategicamente transformando a sala de aula em um ambiente mais preciso, facilitando o processo de aprendizagem e desenvolvendo competências essenciais para vencer os desafios de viver em sociedade no século XXI.

Importa esclarecermos que esse modelo contemplou os focos centrais tanto do estudo do ensino superior (*Case* 1) quanto do estudo da educação básica (*Case* 2), os quais, respectivamente, de modo simplificado, tiveram seus objetivos alcançados com a criação de um novo modelo pedagógico para atuação em cursos semipresenciais e a formação de professores para a adoção de recursos digitais e estratégias a fim de combinar metodologias ativas em diferentes espaços de aprendizagem.

Assim sendo, independentemente dos espaços de aprendizagem escolhidos, tendo por base o uso de metodologias ativas, verificamos que o professor será capaz de saber quando usar os recursos e como adaptá-los de acordo com a realidade vivenciada, para, então, exercer um papel mediador na evolução dos estudantes rumo a um perfil mais proativo e crítico, zelando pelo uso de tecnologias com intencionalidades pedagógicas como meios de garantir significativamente a aprendizagem, e não somente como mero fim para atender às necessidades do mundo globalizado e, agora, "isolado" pela pandemia.

Como trabalhos futuros, pretendemos gerar subsidíos qualitativos para refletir acerca das competências digitais docentes diante do planejamento das aulas ativas, com o intuito de abordarmos questões que limitam as práticas pedagógicas, quando combinadas com metodologias ativas, e o uso de tecnologias educacionais, principalmente os ambientes virtuais adotados institucionalmente. Ademais, diante do protagonismo vivenciado, almejamos gerar novas publicações, com relatos de experiências dos docentes participantes em seus respectivos cursos, a fim de contemplar também o relato dos alunos, público-alvo da prática docente, com "ações formadas" por meio dos estudos apresentados neste capítulo.

> **MATERIAIS E RECURSOS (*DOWNLOAD*)**
> Link: https://cutt.ly/frameworksCSV

Exemplo aplicado nos cursos:
- *Framework – Design* da aprendizagem ativa;
- Quadro – Avaliação baseada na Taxonomia SOLO;
- *Framework* de sequência didática – Presencial;
- Modelos semipresenciais – *Frameworks* de webaula;
- Técnica *Frayer Model*.

REFERÊNCIAS

AMANTES, A.; BORGES, O. O uso da Taxonomia SOLO como ferramenta metodológica na pesquisa educacional. *In*: ENCONTRO NACIONAL DE PESQUISA EM EDUCAÇÃO E CIÊNCIAS, 6., 2008, Florianópolis. *Anais* [...]. Florianópolis: ABRAPEC, 2008. Disponível em: http://abrapec-net.org.br/atas_enpec/vienpec/CR2/p678.pdf. Acesso em: 11 fev. 2021.

BIGGS, J.; TANG, C. *Teaching for quality learning at the university:* what the students does. 4th ed. Philadelphia: McGraw-Hill, 2011.

BRABAND, C.; DAHL, B. Constructive alignment and the SOLO taxonomy: a comparative study of university competences in computer science vs. mathematics. *Conferences in Research and Practice in Information Technology*, v. 88, p. 3-17, 2008.

OTA, M. A.; SANTOS, R. T. M. Design da aprendizagem ativa em cursos superiores híbridos. *In:* VILAÇA, L. D.; SANTOS, T. C. A. (org.) *Alinhamento construtivo na prática.* Belo Horizonte: Letramento, 2020. cap. 19, p. 257–271.

SANTOS, R. T. M.; SOUZA, A. M.; OTA, M. A. *A gênese do Núcleo de Inovação Acadêmica da Cruzeiro do Sul:* o desafio da formação docente em metodologias ativas. [S. l.]: Novas Edições Acadêmicas, 2019.

ZWICKER, M. R. G. S. A aprendizagem ativa e o cérebro: contribuições da neurociência para uma nova forma de educar. *In:* SANTOS, C. M. R. G.; FERRARI, M. A. (org.). *Aprendizagem ativa:* contextos e experiências em comunicação. Bauru: FAAC/Unesp, 2017. cap. 3, p. 49–74.

Leituras recomendadas

BARBOSA, E. F.; MOURA, D. G. Metodologias ativas de aprendizagem na educação profissional e tecnológica. *Boletim Técnico do Senac*, v. 39, n. 2, p. 48–67, 2013.

BATES, A. W.; SANGRÀ, A. *Managing technology in higher education:* strategies for transforming teaching and learning. San Francisco: Jossey-Bass, 2011.

SCOTT, C. L. *The futures of learning 1:* why must learning content and methods change in the 21st century? [S. l.]: UNESCO, 2015. (Education Research and Foresight: Working Papers, 13).

SILBERMAN, M. *Active learning:* 101 strategies do teach any subject. Boston: Allyn and Bacon, 1996.

VAUGHAN, N. D.; CLEVELAND-INNES, M.; GARISON, D. R. *Teaching in blended learning environments:* creating and sustaining communities of inquiry. Edmonton: Au, 2013.

10

Equipes multidisciplinares e gestão de indicadores

Rita Maria Lino Tarcia
Anne Crishi Piccolo Santos

> *Uma jornada rumo à nossa individualidade em sociedade. Com o uso da tecnologia, vamos acabar com as fronteiras do impossível.*
> (LONGO, 2019)

A educação mundial tem sido impactada pelos desafios deste milênio. Os avanços tecnológicos fazem parte do momento histórico que se vive hoje, e as tecnologias digitais estão cada vez mais presentes no cotidiano das pessoas, convidando-as a estabelecer novas relações entre si e com o conhecimento, com as transações comerciais e financeiras, dentre outras tantas que desenvolvemos continuamente. As mudanças nas formas de o ser humano se relacionar e pensar motivam o surgimento de novos códigos, novas culturas e nova linguagem, assim como novas práticas – entre elas, as práticas educativas.

As inovações interferem na vida dos indivíduos, e, por esse motivo, a consciência desse aprendizado é importante para que possam recriar e transformar sua existência como protagonistas de sua própria história.

Por sua vez, as novas possibilidades que as tecnologias oportunizam causam angústias e preocupações por descortinarem situações novas sobre as quais não se tem domínio ou conhecimento. As incertezas diante do que será experimentado apontam a necessidade de cada um revisitar seus valores, suas crenças e seus conhecimentos, de modo a sair efetivamente da zona de conforto na qual vive e abrir-se para o novo, para as descobertas, para ser aprendiz ao longo da vida.

Historicamente, os processos educativos têm se caracterizado pelo papel central atribuído ao professor, ao ato de ensinar e ao conteúdo a ser ensinado. Diante dos novos contornos e das concepções contemporâneas de educação, fica evidente a necessidade de superação desse modelo e da busca pelo foco na aprendizagem e nas condições necessárias para que os alunos aprendam.

Teóricos da contemporaneidade apontam que as tecnologias incentivam e estimulam novas formas de pensar e de aprender, possibilitam processos de aprendizagem mais inovadores e desenvolvem ferramentas e recursos que viabilizam a construção de situações de aprendizagem verdadeiramente transformadoras. Os avanços tecnológicos possibilitam o desenvolvimento de recursos e objetos de aprendizagem que promovam interações, simulações e relações mais dinâmicas entre os estudantes e os conteúdos, os ambientes virtuais e as redes, gerando maior motivação e melhores condições para a aprendizagem.

A educação mediada por tecnologias emerge nesse cenário de transformações e mudanças e caracteriza-se por seu caráter multidisciplinar. A ação educativa deixa de ser responsabilidade exclusiva do professor e passa a ser compartilhada com profissionais de diversas áreas de formação, que atuam ao longo de toda a cadeia produtiva, considerando o planejamento, a produção, a organização, a logística, a implantação, o monitoramento, o gerenciamento e a avaliação de processos e produtos educativos que são oferecidos na modalidade a distância.

Dessa forma, as equipes multidisciplinares assumem papel importante no contexto da educação, especialmente quando mediada por tecnologias. A construção coletiva baseada em competências profissionais diferentes cria a necessidade de novas aptidões, habilidades, conhecimentos e atitudes relacionados com o trabalho em equipe, com a solução de problemas críticos, com a flexibilidade cognitiva, dentre outras competências que se destacam neste início de século, como já declarado pelo Fórum Econômico Mundial (WORLD ECONOMIC FORUM, 2016).

Nessa conjuntura de alterações, conversões e alternativas para os processos educativos contemporâneos, tanto para os professores quanto para os muitos profissionais das equipes multidisciplinares, os indicadores educacionais assumem um importante papel na compreensão mais aprofundada do sucesso, do fracasso, dos percursos e das trajetórias formativas vivenciadas pelos estudantes.

De modo a garantir o foco na melhoria contínua, é mister a criação de indicadores que permitam uma gestão baseada em evidências, particularmente em contextos de práticas educativas inéditas, originais e, muitas vezes, ainda desconhecidas.

De acordo com Longo (2019), a humanidade está saindo da Idade Média para entrar na Idade Mídia. A sociedade está se voltando para a pessoa, assumindo um caráter mais individual, superando uma vida orientada pelas regras dos grupos e pelas tradições. O sujeito passa a ser o centro, passa a estar no centro. Essa transição está marcada em diferentes setores e segmentos da sociedade conectada atual.

As aulas, antes ministradas para a média dos alunos da sala, agora, com os processos educativos mediados por tecnologias, podem dar lugar ao planejamento e à oferta de trilhas de aprendizagem individuais e orientadas por *Big Data*. A mídia também era produzida para uma média da população; atualmente, os *hyperlinks* permitem que todos possam aprofundar suas leituras de acordo com o seu próprio interesse. As escolhas passam a ser individuais e compartilhadas, gerando uma imensa quantidade de conteúdos, experiências e vivências.

O contexto da cultura que se estabelece por meio das relações sociais e das diferentes manifestações e produções dos seres humanos, articuladas nas redes interconectadas de computadores, no ciberespaço, é discutida por Lévy (2000). O autor entende que a cultura se constitui pelas práticas realizadas por diferentes pessoas em diferentes lugares, estando todas conectadas a uma rede computacional (LÉVY, 2000). Pelo fato de o ciberespaço ser um campo aberto e em expansão, as pessoas e os grupos que, nele, se conectam podem trocar e compartilhar experiências, informações e conhecimentos, favorecendo o desenvolvimento constante de novos saberes, novos processos e novos produtos. Dessa forma, a cibercultura aponta para o movimento constante e para a produção de conhecimento em fluxo.

Esse novo contexto, no qual os estudantes têm o conhecimento na palma de suas mãos por meio do acesso às ferramentas de busca *on-line* em seus *smartphones* enquanto estão em sala de aula com seus colegas e professores, demanda dos profissionais da educação um maior planejamento de suas atividades e a escolha de estratégias pedagógicas que possam promover o engajamento e a participação dos alunos na construção de suas trilhas formativas.

Nesse contexto, para pensar currículos inovadores, é preciso compreender que o processo de ensino deixa de estar centrado na transmissão de conhecimentos e passa a considerar o planejamento e a construção de situações de aprendizagem, presenciais ou a distância, em diferentes formatos, contextos e cenários Assim também o processo de aprendizagem passa a ser orientado pelos princípios da metacognição, da autoaprendizagem e da aprendizagem significativa, colaborativa, por descoberta, com pesquisa e integrada à prática, seja ela da vida pessoal ou da profissional (MASSETO, 2011).

A teoria do conectivismo (SIEMENS, 2004) também deve ser, nos próximos anos, orientadora dos processos educativos para os professores e para os profissionais das equipes multidisciplinares. O conectivismo integra princípios trabalhados pelas teorias do caos, das redes, da complexidade e da auto-organização. Segundo Siemens (2004) e sua teoria, as decisões são baseadas em princípios que mudam rapidamente; as novas informações são adquiridas pelo sujeito de forma contínua, e, por esse motivo, o desenvolvimento do senso crítico, que permite atribuir e avaliar a importância das informações, é essencial. Por essa razão, os indicadores de qualidade, de aprendizagem, de desempenho e de resultados são importantes orientadores dos processos de criação, de tomada de decisão e de avaliação da produção educativa.

As projeções para a educação do futuro apontam que os processos cognitivos repetitivos serão substituídos pela inteligência artificial, abrindo oportunidades para o desenvolvimento de experiências e vivências efetivamente criativas e humanas e intensificando o desafio dos profissionais que atuam na área da educação, especialmente daqueles que fazem parte das equipes multidisciplinares.

EQUIPES MULTIDISCIPLINARES

A legislação educacional brasileira regulamentou a equipe multidisciplinar, relacionando-a com a qualidade dos processos educativos mediados por tecnologia, destacando e definindo o seu diferencial e potencial, tanto pelos múltiplos olhares quanto pelas diferentes competências e habilidades complementares na cocriação para a modalidade a distância. Em 2007, o Ministério da Educação publicou os Referenciais de Qualidade para Educação Superior a Distância e evidenciou a equipe multidisciplinar como pilar essencial no planejamento e na implementação da educação a distância (EAD):

> Em educação a distância, há uma diversidade de modelos, que resulta em possibilidades diferenciadas de composição dos recursos humanos necessários à estruturação e funcionamento de cursos nessa modalidade.
> No entanto, qualquer que seja a opção estabelecida, os recursos humanos devem configurar uma equipe multidisciplinar com funções de planejamento, implementação e gestão dos cursos a distância, onde três categorias profissionais, que devem estar em constante qualificação [...] (BRASIL, 2007, p. 19).

Os recentes instrumentos de avaliação de cursos de graduação presencial e a distância também destacam a equipe multidisciplinar como um indicador e definem a necessidade de processos de trabalho e planos de ação documentados:

> A equipe multidisciplinar, **prevista** em consonância com o PPC, **será constituída** por profissionais de diferentes áreas do conhecimento, **será responsável** pela concepção, produção e disseminação de tecnologias, metodologias e os recursos educacionais para a educação a distância **e prevê** plano de ação documentado e implementado **e** processos de trabalho formalizados. (BRASIL, 2017, p. 24, grifos do autor).

O cuidado e a preocupação com a organização da equipe multidisciplinar, expressos em diferentes textos orientadores do arcabouço legislativo, refletem a sua responsabilidade e indicam que sua diversidade e multidisciplinaridade se configuram, ao mesmo tempo, como a maior riqueza e vantagem, assim como um grande desafio para aqueles que dela fazem parte.

É importante destacar que cada instituição de ensino superior (IES) desenvolve seu modelo pedagógico para EAD e, consequentemente, sua criação, produção e oferta de cursos, com suas peculiaridades institucionais e seus objetivos. Sendo assim, é fundamental trabalhar com apoio em um planejamento que considere a totalidade das ações presentes em toda a cadeia produtiva da EAD. Alguns elementos estão presentes nos diferentes modelos e orientam as decisões estratégicas e operacionais da IES. Dentre outros, é possível citar público-alvo e seus diferentes perfis, apoio ao aluno, uso adequado de recursos midiáticos e tecnológicos, produção e estruturação de materiais didáticos, infraestrutura, investimentos e custos.

As equipes multidisciplinares constituem-se de acordo com o modelo pedagógico e tecnológico da educação mediada por tecnologias oferecida pelas IES ou por outras organizações que produzam ou disponibilizem cursos nesse formato. Sendo assim, é possível encontrar equipes multidisciplinares com diferentes configurações e perfis.

Inicialmente, as equipes multidisciplinares trabalhavam mais diretamente com a produção de material didático e mídias e eram constituídas por profissionais de diferentes áreas, como comunicação, produção de áudio e vídeo, editoração, tecnologia para o desenvolvimento de *softwares* educativos ou de jogos/*games*, animação, *webdesigner, designer* instrucional, dentre outras. Sua forma de trabalho era integrada, e a equipe era responsável pela produção e pela modelagem de todo o material didático disponibilizado para os estudantes. Os membros da equipe mantinham aproximação e trabalhavam de forma integrada com os profissionais do apoio pedagógico e com os professores.

A busca de alinhamento de novas propostas educativas no novo cenário educacional e os desafios que se apresentam continuamente no contexto atual ampliam o escopo da equipe multidisciplinar, que passa a atuar como um **núcleo estratégico** e tático, responsável pela concepção dos projetos de produção e pela disseminação de tecnologias, metodologias e recursos educacionais para os cursos oferecidos na instituição, além de ser incumbida da formação de profissionais da educação para as novas práticas pedagógicas. A capacidade de lidar com os dados e as informações emerge como um diferencial importante para o processo de tomada de decisão. Assim, o conhecimento e a habilidade para trabalhar indicadores que orientem a melhoria contínua dos processos e serviços oferecidos são necessários para todos os membros da equipe.

Nesse sentido, a equipe multidisciplinar tem sua atuação expandida diante dos processos educativos mediados por tecnologia e passa a criar e utilizar diferentes recursos tecnológicos que não cabem mais exclusivamente na modalidade a distância. As equipes multidisciplinares trabalham com os processos de aprendizagem de modo geral e com todas as suas peculiaridades e especificidades, superando os limites que existiam entre as modalidades presencial e a distância.

Com a grande quantidade de informações, com os avanços tecnológicos e com a amplitude de atuação das equipes multidisciplinares, decidir como será a trajetória formativa dos alunos passa a ser fundamental para a coerência da ação educativa e para o alcance dos seus objetivos educacionais. Os professores passam a fazer parte da equipe multidisciplinar para que, juntos, planejem, desenvolvam e implantem situações de aprendizagem inovadoras e significativas para os estudantes deste milênio. Esse é um cenário novo para muitos profissionais, e é preciso aprender com esse novo processo, redefinir papéis.

A ideia de *aprender a aprender* deve ser um pilar a orientar a prática de todos os profissionais e também dos estudantes que buscam superar os desafios de construir o próprio conhecimento por meio de uma educação mediada por tecnologias. São vários atores que trabalham juntos e colaborativamente na construção de situações virtuais de aprendizagem, que têm por objetivo favorecer o desenvolvimento de competências significativas para estudantes deste século, ou talvez desta década, ou, ainda, deste ano. Segundo Bauman (2013, p. 27), "O tempo realmente passa, e o truque é manter o mesmo ritmo dele [...] continuar mudando, com tanta frequência quanto possível [...]". Para isso, é preciso estar aberto às mudanças, flexível e igualmente preparado e competente para viver de forma coerente em um mundo que está constantemente em movimento.

As múltiplas competências dos integrantes das equipes multidisciplinares

Ao considerar as competências dos profissionais que integram as equipes multidisciplinares, é preciso destacar a ideia de que a gestão dos processos mediados por tecnologia é complexa e envolve diversos atores que estão em tempo e espaços distintos. Nesse caso, a gestão precisa desenvolver estratégias que garantam uma relação harmoniosa entre as pessoas/colaboradores e os recursos tecnológicos com foco na aprendizagem dos alunos e na melhoria contínua.

Com base na complexidade descrita, destaca-se que o espírito de equipe, a capacidade para realizar trabalhos colaborativos, o diálogo, a escuta ativa, as *soft skills*, a inteligência emocional são competências fundamentais para os profissionais que compõem a equipe multidisciplinar. Esse coletivo deve desenvolver uma visão colaborativa, ter engajamento e compreensão clara dos papéis de cada integrante, assim como de todas as etapas da cadeia produtiva da EAD. Todos precisam trabalhar respeitando as diferenças e valorizando as contribuições e as qualidades de cada integrante; a diversidade favorece a qualidade dos processos e dos produtos, bem como oportuniza a inovação.

O Fórum Econômico Mundial aponta, no relatório *Future of jobs* (WORLD ECONOMIC FORUM, 2016), um conjunto de competências necessárias e requeridas pelas empresas quando da contratação de profissionais. Tais competências auxiliam na solução dos novos desafios contemporâneos e pressupõem a aptidão para o trabalho neste novo mundo volátil, incerto, complexo e ambíguo (em inglês, *volatility, uncertainty, complexity* e *ambiguity* [VUCA]).

Considerando esse relatório, destaca-se que as competências de gestão de pessoas, inteligência emocional, empatia com os outros e negociação estão intrinsicamente ligadas ao aspecto relacional da equipe multidisciplinar e à heterogeneidade de sua composição. O fato de a formação e a experiência profissional dos membros da equipe multidisciplinar serem diversificadas, além de possibilitar múltiplos olhares e ampliar o potencial criativo, pode gerar conflitos que precisam ser mediados e esclarecidos.

O pensamento crítico, a criatividade e a flexibilidade cognitiva são competências importantes para a solução de problemas e para a necessidade de inovação que estão presentes no cotidiano das equipes.

As equipes multidisciplinares precisam ter uma organização e uma gestão flexíveis para que possam, continuamente, se ajustar e se adaptar às constantes transformações e mudanças que o mundo vive. Em um trabalho produtivo e coerente com o perfil das crianças e dos jovens a serem atendidos no processo educativo, o estudo frequente e constante do perfil e do comportamento das novas gerações e a interpretação de dados *analytics* são fundamentais para o processo de tomada de decisão com foco na qualidade contínua dos serviços e dos processos educacionais.

Ainda com o objetivo de fundamentar uma reflexão sobre o perfil e as competências dos profissionais das equipes multidisciplinares, destacam-se, aqui, as categorias que auxiliam na análise e no desenvolvimento dessas equipes. Ressalta-se que não há, entre elas, uma hierarquização, uma vez que todas são igualmente importantes e necessárias.

A primeira categoria diz respeito às competências técnicas relacionadas às diferentes mídias e aos recursos tecnológicos utilizados nos processos educativos mediatizados. O domínio e o conhecimento dos meios e do suporte digital da comunicação e da informação são importantes e devem ser continuamente atualizados, acompanhando os avanços tecnológicos e as novas demandas pedagógicas. Ainda nesta categoria, inclui-se a competência técnica para lidar com as ferramentas de *analytics,* importante para desenvolver a habilidade de perguntar, coletar, interpretar dados e transformá-los em *insights*. Diante de um cenário de constantes mudanças e inúmeros dados e informações, essa competência é fundamental para a busca e a análise de dados, além de favorecer a geração de novos conhecimentos, saberes, processos e produtos na área da educação mediada por tecnologias.

As competências comunicacionais constituem a segunda categoria desse rol e possibilitam aos profissionais interagir entre si, construir relações interpessoais e vivenciar processos de interação com ferramentas que serão utilizadas pelos estudantes nas diferentes situações de aprendizagem em ambientes digitais.

A terceira categoria define-se pelas competências organizativas e metodológicas relacionadas à capacidade de sistematizar e organizar as ideias, os processos de trabalho, a produção e os dados coletados, de modo a garantir produtividade e qualidade. Ainda relacionada a essa categoria, está a competência investigativa, ou de pesquisa.

Após a apresentação e a contextualização do panorama do novo cenário no qual se inserem as equipes multidisciplinares, bem como a discussão sobre os desafios, as responsabilidades e as competências que os integrantes dessas equipes enfrentam e devem ter e desenvolver, propõe-se refletir sobre as formas como essas equipes ocupam seu lugar estratégico dentro das instituições de ensino e desenvolvem seu papel tático no decorrer dos processos de ensino e aprendizagem.

Gestão de indicadores para as equipes multidisciplinares

Considerando o contexto da educação mediada por tecnologias, a equipe multidisciplinar ocupa um papel estratégico importante na IES, e sua gestão deve ser realizada por uma equipe gestora, e não apenas por um profissional que acompanhe todas as atividades. A cadeia produtiva da EAD, que vai do planejamento, passando pelo desenvolvimento e pela produção, até a oferta dos produtos educativos, é composta por diferentes atividades realizadas por profissionais com formação diversa e, muitas vezes, específica, o que, nem sempre, significa que todos tenham pleno domínio das especificidades da EAD e visão sistêmica sobre ela. O gestor precisa considerar duas dimensões na escolha de profissionais e na constituição de suas equipes: uma dimensão voltada especificamente para a área de atuação do colaborador na cadeia produtiva e outra dimensão focada nas particularidades da modalidade em questão.

Nesse sentido, cabe destacar o papel fundamental que a gestão deve ter em relação à análise dos indicadores, na medida em que estes são balizadores do desempenho, da qualidade dos produtos e dos serviços desenvolvidos, bem como permitem uma visão sistêmica da EAD, possibilitando a melhoria contínua dos resultados e dos processos da equipe multidisciplinar.

Segundo Chiavenato (2014), os indicadores de desempenho possibilitam a análise das atividades exercidas, das metas estabelecidas e dos resultados alcançados. Ou seja, os indicadores traduzem, em uma métrica objetiva, os dados referentes ao fluxo de trabalho, permitindo analisar a *performance* de acordo com os objetivos predeterminados.

Especificamente em relação à equipe multidisciplinar, vários indicadores podem ser criados pela gestão, de forma a acompanhar e verificar tanto o gerenciamento interno dos integrantes da equipe, de sua produção, da qualidade das entregas realizadas quanto da aprendizagem dos estudantes.

Para Sartori e Roesler (2004), a análise da gestão da aprendizagem perpassa a observação de quatro pontos, quais sejam: o desenho pedagógico, a produção do material didático, o sistema tutorial e a secretaria acadêmica (Figura 10.1).

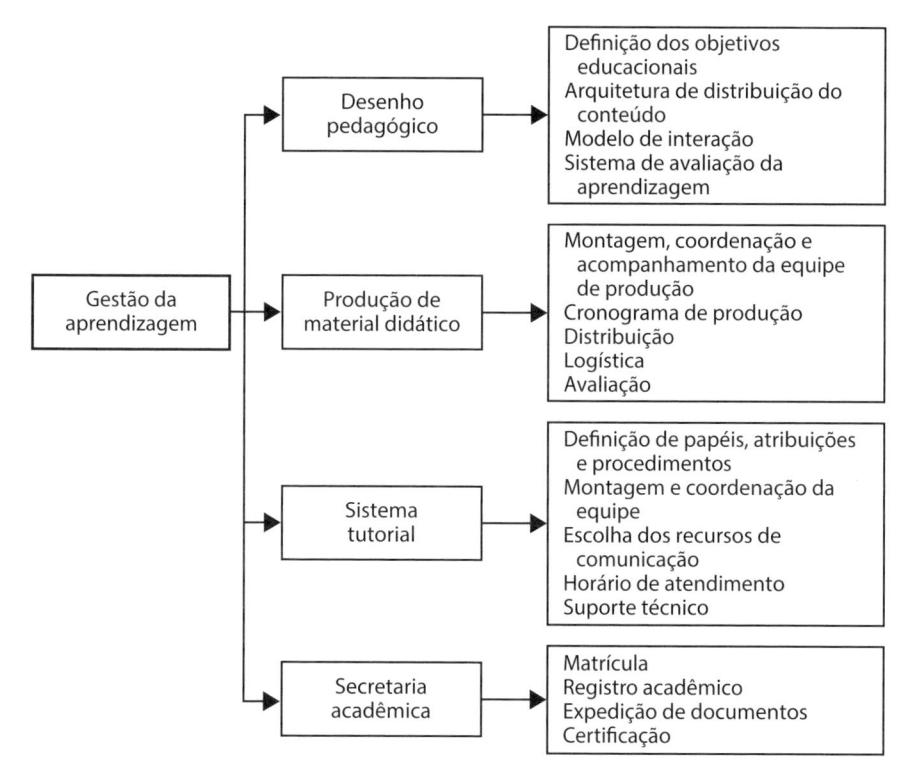

```
Gestão da aprendizagem
├── Desenho pedagógico
│     • Definição dos objetivos educacionais
│     • Arquitetura de distribuição do conteúdo
│     • Modelo de interação
│     • Sistema de avaliação da aprendizagem
├── Produção de material didático
│     • Montagem, coordenação e acompanhamento da equipe de produção
│     • Cronograma de produção
│     • Distribuição
│     • Logística
│     • Avaliação
├── Sistema tutorial
│     • Definição de papéis, atribuições e procedimentos
│     • Montagem e coordenação da equipe
│     • Escolha dos recursos de comunicação
│     • Horário de atendimento
│     • Suporte técnico
└── Secretaria acadêmica
      • Matrícula
      • Registro acadêmico
      • Expedição de documentos
      • Certificação
```

Figura 10.1 Gestão da aprendizagem.
Fonte: Sartori e Roesler (2004, documento *on-line*).

Cabe destacar que não existe um rol taxativo dos indicadores a serem utilizados pela equipe multidisciplinar; muitas são as possibilidades de definição de indicadores, uma vez que eles têm relação com o modelo pedagógico/tecnológico desenvolvido pela IES e com os objetivos relacionados à análise da *performance* a ser avaliada.

Outrossim, os indicadores possibilitam que a equipe avalie, de forma rápida e eficiente, por exemplo, novos produtos e serviços desenvolvidos para os cursos da IES. Nesse sentido, a equipe pode observar a efetividade de um determinado *game* e seu resultado na aprendizagem dos alunos de uma turma específica antes de decidir implementá-lo em todos os cursos da instituição ou, então, testar e medir a interação dos tutores e o impacto da interação destes nos índices de evasão dos cursos.

REFLEXÕES FINAIS

Os desafios do novo milênio já estão impactando e continuarão a impactar as pessoas, de modo geral, e todos os profissionais, sobretudo aqueles que atuam mais diretamente na educação. Na medida em que o conhecimento não precisa mais ser transferido e está cada dia mais disponível a todos aqueles que possuem fácil acesso ao mundo virtual, impõe-se uma reflexão sobre o perfil das novas gerações e sobre como construir trilhas de aprendizagem que sejam significativas para os aprendizes destes novos tempos.

É evidente que a discussão acerca do papel das instituições de ensino neste novo cenário emerge de forma inexorável. São necessárias transformações nos sistemas educacionais, impondo-lhes novas funções diante dos desafios e, consequentemente, novas práticas e estratégias que respondam, coerentemente, às novas demandas, notadamente as relacionadas com a maior flexibilidade dos currículos.

A importância das equipes multidisciplinares cresceu ao longo destes últimos anos, e seu papel configura-se, cada vez mais, como estratégico nos processos de integração de cursos e modalidades. Os profissionais integrantes das equipes multidisciplinares apresentam-se como articuladores das informações, na medida em que têm disponíveis os dados dos alunos e o potencial dos professores da instituição.

Nesse sentido, os indicadores apresentam-se como ferramentas fundamentais e imprescindíveis para que a equipe possa criar, analisar, decidir e alterar rapidamente o fluxo de trabalho e realizar correções de rota visando o alcance dos objetivos institucionais.

REFERÊNCIAS

BAUMAN, Z. *A cultura no mundo líquido moderno.* Rio de Janeiro: Zahar, 2013.

BRASIL. *Referenciais de qualidade para a educação superior a distância.* Brasília, DF: MEC, 2007. Disponível em: http://portal.mec.gov.br/seed/arquivos/pdf/legislacao/refead1.pdf. Acesso em: 12 fev. 2021.

BRASIL. Instituto Nacional de Estudos e Pesquisas Educacionais Anísio Teixeira. *Instrumento de avaliação de cursos de graduação presencial e a distância:* autorização. Brasília, DF: INEP, 2017. Disponível em: http://download.inep.gov.br/educacao_superior/avaliacao_cursos_graduacao/instrumentos/2017/curso_autorizacao.pdf. Acesso em: 12 fev. 2021.

CHIAVENATO, I. *Gestão de pessoas:* o novo papel dos recursos humanos nas organizações. 4. ed. Barueri: Manole, 2014.

LÉVY, P. *A inteligência coletiva:* por uma antropologia do ciberespaço. 3. ed. São Paulo: Loyola, 2000.

LONGO, W. *O fim da idade média e o início da idade mídia.* Rio de Janeiro: Alta Books, 2019.

MASSETO, M. T. Inovação curricular no ensino superior. *Revista e-Curriculum,* v. 7, n. 2, 2011. Disponível em: https://revistas.pucsp.br/curriculum/article/view/6852. Acesso em: 12 fev. 2021.

SARTORI, A. S.; ROESLER, J. A gestão de cursos superiores a distância. *In:* COLÓQUIO INTERNACIONAL SOBRE GESTÃO UNIVERSITÁRIA NA AMÉRICA DO SUL, 4., 2004, Florianópolis. *Anais eletrônicos* [...]. Florianópolis: UFSC, 2004. Disponível em: https://repositorio.ufsc.br/xmlui/bitstream/handle/123456789/32894/Ademilde%20Silveira%20Sartori%20-%20Gest%-c3%a3o%20de%20Cursos%20Superiores%20a%20Di.pdf?sequence=3&isAllowed=y. Acesso em: 12 fev. 2021.

SIEMENS, G. *Conectivismo:* una teoria de aprendizaje para la era digital. 2004. Disponível em: https://www.comenius.cl/recursos/virtual/minsal_v2/Modulo_1/Recursos/Lectura/conectivismo_Siemens.pdf. Acesso em: 12 fev. 2021.

WORLD ECONOMIC FORUM. *The future of jobs:* employment, skills and workforce strategy for the fourth industrial revolution. [S. l.]: WEF, 2016. Global Challenge Insight Report. Disponível em: http://www3.weforum.org/docs/WEF_Future_of_Jobs.pdf. Acesso em: 12 fev. 2021.